Die Vorlage zu diesem Buch ist das gesprochene Wort Oshos. Die Diskurse sind, wie alle seine „Talks", aus dem Stegreif vor einer großen Zuhörerschaft gehalten und wurden vom Tonband übersetzt. Die Redaktion der deutschen Übersetzung folgt der englischen Buchausgabe und gibt, wie diese, so genau wie möglich den spontanen Redefluss Oshos wieder. Alle Osho Diskurse sind als Originale publiziert worden und als Original-Audios erhältlich. Audios und das vollständige Text-Archiv finden sie unter der Onlinebibliothek „Osho Library" bei www.osho.com

Titel der englischen Originalausgabe: *A New Vision of Women's Liberation*

Überarbeitete Neuauflage 2021

Umschlaggestaltung: Bunda S. Watermeier, www.watermeier.net

Übersetzung: Nirvano Spohr

Copyright © 1965, 2021 OSHO International Foundation, Zürich, Switzerland

www.osho.com/copyrights

Copyright © 2021 Innenwelt Verlag GmbH, Köln

www.innenwelt-verlag.de

Alle Rechte vorbehalten

OSHO® ist eine registrierte Handelsmarke der Osho International Foundation, Schweiz, lizensiert durch diese. www.osho.com/trademarks

Druck: CPI books, Lecks

Printed in Germany

ISBN 978-3-947508-55-6

DIE ZUKUNFT GEHÖRT DEN FRAUEN

OSHO

Inhalt

Vorwort 8

Teil I

Die Unterschiede zwischen Mann und Frau 14
Wenn du nicht weißt, was dir entgeht ... 20
Die Angst vor Intimität 38
Die Verschwörung der Männer 48
Dein männlicher Chauvinismus ist verletzend! 58
Niemand will benutzt werden 63
Ohne Freiheit stirbt die Liebe 68
Nur eine Sache lässt sich besitzen 72
Liebe ist wie ein Vogel im Flug 76
Du hast schon oft gelebt 81
Faszination und Angst hängen zusammen 86
Keine Geburtenkontrolle und keine Abtreibung:
globaler Selbstmord 93
Im innersten Kern des Seins verwundet 96
Ein Sklave kann kein Freund sein 108
Tantra war nie männlich-chauvinistisch 117
Schwanger mit dir selbst 126
Wer will denn schon ein Mann sein? 131

Teil II

Interviewfragen 142

Vorwort

Als ich dieses Osho-Buch aus dem Jahre 1989 vor zwei Jahren das erste Mal in der Hand hielt, habe ich zunächst sehr gelacht. Das Format, die lila glänzende Schreibschrift mit Prägung auf dem Cover: alles atmete die Achtzigerjahre, altmodisch, unmodern, unfreiwillig komisch. Dann habe ich begonnen zu lesen. Und mein Lachen wich Staunen, an manchen Stellen fast Ehrfurcht, ob der Klugheit, der Modernität und der Radikalität dieser Texte, die in weiten Teilen heute, fast vierzig Jahre nach ihrem Entstehen ihrer Zeit in Vielem immer noch voraus sind. Und ich schüttelte den Kopf, war an manchen Stellen fassungslos über Formulierungen, Gedanken, Aussagen. „Kann man das so sagen? Darf man das so denken?"

Ich bin keine Sannyasin, war auch nie eine. Für mich hatte Osho nie die Stellung eines spirituellen Lehrers oder Gurus. Für mich ist er vor allem ein Philosoph, ein großer Denker, der viel über das Menschsein wusste.

Ihm war die Freiheit, vor allem die Freiheit des Geistes heilig. Hannah Arendt hat den wunderbaren Begriff des „Denkens ohne Geländer" geprägt. Damit meinte sie ein Denken, das frei ist, frei von Konzepten, von Interessen, selbst von vordergründiger Moral. Nur ein solches Denken erlaubt es uns und unserem Geist wirklich in die Weite zu gehen. Wirklich Neues zu denken, wirklich neu zu denken. Für mich ist Osho ein Denker, der genau das tat.

Und er lädt uns ein, ihm darin zu folgen: frei zu denken, eigene und fremde Konzepte loszulassen und den Blick auf das Leben von Frauen und Männern zu wagen, wie es ist. In all seiner Schönheit und Grausamkeit. Seinen Texten ist jede Vorstellung von politischer Korrektheit fremd, ohne Filter spricht er aus, was er wahrnimmt und was gesagt werden will. Ganz ohne Rücksicht auf mögliche Befindlichkeiten.

Dabei übertritt er häufig Grenzen des heute Sagbaren. Und genau das macht dieses Buch für mich so wertvoll. An diesen Texten kann ich mich reiben, meine Vorstellungen an ihnen messen. Prüfen, was des Gesagten ich teile, was nicht und wo sich mein innerer Zensor meldet. Wo ich mir Gedanken, Wahrnehmungen nicht erlaube.

Und beim Thema Frauen und Männer ist das Feld des Nicht-Sagbaren groß. Das Verhältnis der Geschlechter erscheint immer komplizierter. Menschen, die sich in der Polarität von Mann und Frau nicht wiederfinden fordern lautstark ihren Raum ein. Sprache soll wenn möglich alle Varianten von Geschlechtlichkeit abbilden. Radiosendungen über Menstruation meiden den Begriff Frau aus Rücksicht auf Menschen, die mit ihrem weiblichen Körper nicht in Frieden leben. An manchen Stellen wird die Abschaffung der Benennung der Geschlechterdualität gefordert.

In diesen von Ideologien geprägten Diskurs hinein nun ein Buch das den Titel trägt „Die Zukunft gehört den Frauen".

Schon der Titel ist eine Provokation. Was ist das denn, eine Frau? Nach tausenden Jahren des Patriarchats, ist das schwer zu ergründen. Was unserer Geschlechtlichkeit ist Zuschreibung, was Effekt von Jahrhunderten der Unterdrückung und Abwertung. Was ist genuin Weiblich? Gibt es etwas jenseits der Biologie? Und auch diesseits der Biologie: Was macht es mit unserer Wahrnehmung der Welt, einen Leib zu haben, der Leben schenken kann? In der Sexualität empfangen zu können? Welchen Einfluss haben Hormone wie Östrogen, das eine befreundete Ärztin als „Fürsorgehormon" bezeichnet?

Auch wenn Osho die Begriffe Frau und Mann verwendet, so wird doch schnell deutlich, dass es ihm um etwas Größeres geht, als die in den Leib geschriebene Existenz. Er spricht über die Qualität des Femininen und des Maskulinen. Über die Qualitäten dieser beiden Pole, die nur gemeinsam ein Ganzes ergeben.

Immer noch wird die feminine Qualität systematisch abgewertet. Und vieles das sich heute Feminismus nennt, tut leider dasselbe. Gleichwertigkeit wird mit Gleichheit verwechselt. Statt eine Welt zu schaffen, in der das Feminine Raum hat und in seiner Qualität gewürdigt wird, wird uns vorgegaukelt, dass eine gleiche Teilhabe von Frauen am Patriarchat Gleichberechtigung sei. Sollen Frauen alles tun können, dass Männer tun. Das klingt verlockend. Wird Weiblichkeit doch oft immer noch vor allem mit Schwäche, mit Opfer identifiziert. Macht, Kraft, Einfluss scheinen rein maskuline Qualitäten. Welche Wunden dieses Missverständnis schlägt, beschreibt Osho schonungslos.

Er hält Frauen und Männern den Spiegel vor. Es braucht Mut in diesen Spiegel zu schauen. Sich mit der Fratze des Patriarchats zu konfrontieren und die eigenen Anteile darin zu sehen. Der eigenen Versehrtheit und der eigenen TäterInnenschaft ins Auge zu sehen. Mut, mit einem kritischen

Geist, jenseits jeder Ideologie den ehrlichen Blick auf die Wirklichkeit zu wagen.

Doch das ist die Voraussetzung für Frieden zwischen Frauen und Männern, dem Femininen und dem Maskulinen, auch in uns selbst.

Insofern brauchen wir keine Abschaffung der Dualität, wir brauchen eine Feier der Dualität, einen Tanz der Pole, denn nur der Gegensatz birgt die Möglichkeit, ganz zu werden. Wenn das gelingt, gehört die Zukunft nicht nur den Frauen, sondern allen Menschen.

Anne Petersen im Juli 2021

Teil I

Mein erster Sannyasin hieß Ma Anand Madhu – eine Frau natürlich, denn genau das war meine Absicht.

Niemand außer mir hat je Frauen in Sannyas eingeweiht. Nicht nur das, ich wollte als Erstes eine Frau in Sannyas einweihen, um einfach wieder eine Balance herzustellen, um auszugleichen …

Natürlich wollte der Ehemann von Anand Madhu zuerst eingeweiht werden … das war im Himalaja, in Manali, wo ich ein Meditations-Camp leitete.

Ich lehnte das ab mit den Worten: „Du kannst nur Zweiter sein, nicht Erster." Das machte ihn so wütend, dass er das Camp auf der Stelle verließ.

Von da an hab ich mich stets bemüht, Frauen so weit wie möglich nach vorn zu bringen. Das mag Männern vielleicht unfair erscheinen. Ist es nicht. Ich gleiche einfach ein paar Dinge aus. Nach Jahrhunderten, in denen Männer Frauen ausgebeutet haben, ist das keine leichte Aufgabe.

Osho, Glimpses of a Golden Childhood, Chapter #3

DIE UNTERSCHIEDE ZWISCHEN FRAU UND MANN

Die meisten Unterschiede zwischen Mann und Frau rühren von der jahrtausendealten Konditionierung her. Es sind keine grundlegenden natürlichen Unterschiede. Es gibt jedoch ein paar Verschiedenheiten, die die einzigartige Schönheit und Individualität von Mann und Frau ausmachen. Diese Unterschiede lassen sich an ein paar Fingern abzählen.

Einer besteht darin, dass die Frau imstande ist, Leben hervorzubringen, und der Mann nicht. In dieser Hinsicht ist er ihr unterlegen, und diese Unterlegenheit hat eine entscheidende Rolle in der Herrschaft des Mannes über die Frau gespielt. So funktioniert der Minderwertigkeitskomplex: Man tut so, als wäre man der Überlegene, und auf diese Weise macht man sich selbst und der ganzen Welt etwas vor. Darum hat der Mann seit undenklichen Zeiten die Genialität der Frau, ihre Talente und Fähigkeiten unterdrückt, um sich selbst und der Welt seine Überlegenheit zu beweisen.

Die Frau ist, solange sie ein Kind austrägt, für neun Monate und länger äußerst schutzbedürftig und vom Mann abhängig. Die Männer haben das auf sehr hässliche Weise ausgenutzt. Das ist aber nur ein physiologischer Unterschied, der überhaupt nicht ins Gewicht fällt.

Die psychologische Verfassung der Frau ist vom Mann verfälscht worden, indem er ihr Dinge erzählte, die nicht wahr sind. Er hat sie zu seiner Sklavin gemacht, hat sie in dieser Welt zu einer Bürgerin zweiter Klasse degradiert. Und der

Grund dafür ist, dass er die stärkeren Muskeln hat. Die Muskelkraft gehört jedoch zu unserem animalischen Erbe. Wenn sich daraus eine Überlegenheit ableiten ließe, wäre jedes Tier dem Mann überlegen.

Doch die wahren Unterschiede sind zweifellos vorhanden, und wir müssen sie hinter einem Berg von fiktiven Unterschieden aufspüren. Ein Unterschied, den ich sehe, besteht darin, dass die Frau mehr zur Liebe fähig ist als der Mann. Die Liebe des Mannes ist mehr oder weniger eine physische Notwendigkeit; die Liebe der Frau ist das nicht. Sie ist etwas Größeres, Höheres; sie ist eine spirituelle Erfahrung. Deshalb ist die Frau auch monogam, während der Mann polygam ist. Der Mann wünscht sich sämtliche Frauen der Welt und wäre doch nie befriedigt in seiner grenzenlosen Unzufriedenheit.

Die Frau hingegen kann mit einer einzigen Liebe zufrieden sein, völlig erfüllt, denn sie schaut nicht auf den Körper des Mannes; sie schaut auf seine innersten Qualitäten. Sie verliebt sich nicht in den Mann, der einen schönen, muskulösen Körper hat; sie verliebt sich in einen Mann, der Charisma hat – etwas Undefinierbares, ungeheuer Anziehendes –, einen Mann, der ein Geheimnis in sich trägt, das es zu entdecken gilt. Sie sucht nicht bloß einen Mann; sie sucht das Abenteuer der Erforschung des Bewusstseins.

Der Mann ist, was seine Sexualität betrifft, sehr schwach; er kann nur einen einzigen Orgasmus haben. Darin ist ihm die Frau unendlich überlegen; sie kann mehrfache Orgasmen haben. Das hat sich als eines der schwierigsten Probleme erwiesen. Der männliche Orgasmus ist lokal, auf die Genitalien beschränkt. Der weibliche Orgasmus ist total und nicht auf die Genitalien beschränkt. Ihr ganzer Körper ist sexuell erregbar, und sie kann eine wunderbare orgasmische Erfahrung haben – tausendfach größer und tiefer, bereichernder und nährender, als ein Mann sie je haben kann.

Doch die Tragödie besteht darin, dass ihr ganzer Körper angeregt werden muss, und daran ist der Mann nicht interessiert; daran war er nie interessiert. Er hat die Frau als Sexmaschine benutzt, nur um seine eigenen sexuellen Spannungen loszuwerden. Innerhalb von Sekunden ist er fertig. Und wenn er fertig ist, hat die Frau noch nicht einmal angefangen!

**Sex sollte zu etwas Heiligem werden,
denn im gewöhnlichen Leben gibt es nichts Heiliges,
außer ihr macht die Liebe zu etwas Heiligem.
Damit öffnet ihr zum ersten Mal eine Tür
zum Phänomen des kosmischen Bewusstseins.**

Sobald der Mann mit dem Geschlechtsakt fertig ist, dreht er sich um und schläft. Der Geschlechtsakt verschafft ihm einen tiefen, entspannten Schlaf, nachdem er alle Spannungen in der sexuellen Betätigung losgeworden ist. Und noch jede Frau, die das erlebte, hat geweint und geheult. Sie hat noch nicht einmal begonnen, sie ist noch nicht in Fahrt gekommen. Sie ist benutzt worden, und das ist die hässlichste Sache im Leben: wenn man wie ein Ding, wie eine Maschine, wie ein Objekt benutzt wird. Sie kann dem Mann nicht verzeihen, dass er sie benutzt hat.

Damit die Frau als Partnerin ebenfalls orgasmisch wird, muss der Mann das Vorspiel lernen, muss er lernen, im Bett ohne Eile zu sein. Er sollte aus der Liebe eine Kunst machen. Man kann aus dem Schlafzimmer einen Liebestempel machen – mit Räucherstäbchen und gedämpftem Licht, nur Kerzenschein. Und der Mann sollte sich der Frau nur nähern, wenn er in einer positiven Stimmung ist, voller Freude, überfließend. Normalerweise ist es so, dass Mann und Frau erst streiten, bevor sie sich lieben. Das vergiftet die Liebe. Sie wird zu einer Art Waffenstillstand – zumindest für eine Nacht. Liebe als Bestechung, als Täuschungsmanöver.

Der Mann sollte so Liebe machen, wie ein Maler ein Bild malt: wenn sich sein Herz danach gedrängt fühlt. Oder wie ein Dichter ein Gedicht schreibt, wie ein Musiker Musik macht. Der Körper der Frau sollte wie ein Musikinstrument sein, denn er ist es. Wenn der Mann voller Freude ist, wird der Sex für ihn nicht bloß als Entladung, als Entspannung, als Schlafmittel dienen. Dann wird es ein Vorspiel geben. Dann wird er mit der Frau tanzen, wird mit ihr singen, und schöne Musik und Räucherwerk – was immer sie beide mögen – werden den Liebestempel erfüllen.

Sex sollte zu etwas Heiligem werden, denn im gewöhnlichen Leben gibt es nichts Heiliges, außer ihr macht die Liebe zu etwas Heiligem. Damit öffnet ihr zum ersten Mal eine Tür zum Phänomen des kosmischen Bewusstseins.

Liebe sollte niemals erzwungen werden, Liebe sollte niemals angestrengt sein. Ihr solltet sie überhaupt nicht im Kopf haben. Ihr spielt, tanzt, singt, genießt einfach … es ist alles Teil eurer ausgedehnten Freude. Wenn es passiert, ist es schön. Wenn Liebe passiert, hat sie eine Schönheit. Wenn ihr es macht, ist es hässlich.

Und wenn ihr euch liebt und der Mann oben auf der Frau ist ... man nennt das die „Missionarsstellung". Der Osten findet das hässlich, weil der Mann schwerer, größer und muskulöser ist und das zarte Wesen unter sich fast erdrückt. Im Osten hat man es immer genau umgekehrt gehalten: die Frau oben. Unter dem Gewicht des Mannes hat die Frau keine Bewegungsfreiheit. Dann bewegt sich nur der Mann und kommt innerhalb von Sekunden zum Orgasmus, und die Frau ist in Tränen aufgelöst. Sie, als seine Partnerin, wurde überhaupt nicht einbezogen. Sie wurde nur benutzt. Wenn die Frau oben ist, hat sie mehr Bewegungsfreiheit und der Mann weniger, und das wird ihren Orgasmus näher zusammenbringen. Wenn beide gemeinsam zum Orgasmus kommen, hat es etwas Überirdisches. Es ist der erste Funken von *Samadhi* (kosmischem Bewusstsein), der erste Funke der Erfahrung, dass der Mensch nicht sein Körper ist. Man vergisst den Körper, vergisst die Welt. Dann öffnet sich für beide, Mann und Frau, eine neue Dimension, die sie noch nie entdeckt hatten.

Die Frau hat die Fähigkeit zu multiplen Orgasmen; darum sollte der Mann so langsam wie möglich vorgehen. In der Realität hat er es jedoch mit allem so eilig, dass die ganze Beziehung deswegen kaputtgeht. Der Mann sollte ganz entspannt sein, damit die Frau mehrere Orgasmen haben kann. Sein Orgasmus sollte ganz zum Schluss kommen, wenn die Orgasmen der Frau ihren Höhepunkt erreicht haben. Es ist eine simple Frage des Verstehens der natürlichen Zusammenhänge.

Das sind natürliche Unterschiede; sie haben nichts mit der Konditionierung zu tun. Es gibt noch andere Unterschiede. So zum Beispiel ist die Frau zentrierter als der Mann. Sie ist gelassener, ruhiger, geduldiger, kann besser warten. Vielleicht liegt es an diesen Eigenschaften, dass sie mehr Widerstandskraft gegen Krankheiten besitzt und länger lebt als der Mann. Durch ihre Gelassenheit, ihre Zartheit kann sie einem Mann große Erfüllung im Leben bringen. Sie wird sein Leben mit einer sanften, behaglichen Atmosphäre umgeben.

Doch der Mann hat Angst. Er will nicht, dass die Frau ihn mit ihrer Sanftheit einhüllt, er will nicht, dass sie diese behagliche Wärme um ihn herum verbreitet. Er hat Angst, dass er dadurch von ihr abhängig werden könnte. Darum hat er sie seit Jahrhunderten auf Distanz gehalten. Und er hat Angst, weil er tief im Innern weiß, dass die Frau mehr ist als er: Sie kann neues Leben gebären. Sie ist von der Natur zur Fortpflanzung auserkoren, nicht der Mann.

Die Funktion des Mannes bei der Fortpflanzung ist praktisch null. Diese Unterlegenheit hat zum größten Problem geführt: Der Mann fing an, der Frau die Flügel zu stutzen. Er fing an, sie in jeder Hinsicht herabzusetzen und zu verurteilen, damit er glauben konnte, er sei der Überlegene. Er hat die Frauen wie Vieh behandelt – und noch schlimmer.

The Sword and the Lotus, 1986

Wenn du nicht weißt, was dir entgeht ...

Ich habe dich sagen hören, dass achtundneunzig Prozent aller Frauen im Osten noch nie einen Orgasmus gehabt haben. Wie kommt es, dass sie so anmutig wirken und nicht frustriert wie die Frauen im Westen?

Es ist eine seltsame Logik des Lebens, aber in gewisser Weise ganz einfach. Im Osten haben die Frauen – achtundneunzig Prozent – noch nie erfahren, was ein Orgasmus ist. Deine Frage ist: *Warum sehen sie dann so anmutig aus und nicht frustriert wie die Frauen im Westen?*

Man muss zunächst einmal in der Lage sein, eine bestimmte Erfahrung zu machen, und erst, wenn sie dir dann verweigert wird, setzt die Frustration ein. Wenn du noch gar nicht weißt, dass es so etwas wie einen Orgasmus gibt, kommt Frustration überhaupt nicht in Frage. Im Westen war die Frau bis unmittelbar vor diesem Jahrhundert auch noch nicht frustriert, weil die Situation die gleiche war. Erst mit der Psychoanalyse und der tieferen Erforschung menschlicher Energien entdeckte man, dass wir ein Jahrtausend lang in einem Trugschluss gelebt haben, dem Trugschluss, dass die Frau einen vaginalen Orgasmus hat. Aber das hat sich als unwahr herausgestellt. Sie hat überhaupt keinen vaginalen Orgasmus.

Tatsächlich ist die Vagina der Frau völlig unsensibel; sie fühlt nichts. Ihr Orgasmus wird von der Klitoris ausgelöst, und die ist ein völlig unabhängiger Teil – die Frau kann Kinder hervorbringen, ohne irgendeinen Orgasmus zu kennen. Sie kann ohne jeden Orgasmus Liebe machen. Und so hat sich die Frau, im Osten wie im Westen, Jahrhunderte damit zufrieden gegeben, Mutter zu werden; und in gewisser Weise war sie gegen den Sex, weil er ihr keinerlei Freude schenkte. Er brachte ihr nur Ärger – die Schwangerschaft.

Jahrhundertelang haben die Frauen nur wie Fabriken zur Reproduktion von Kindern gelebt, und der Mann hat sie als Fabriken gebraucht, nicht als menschliche Wesen; denn von zehn Kindern starben früher neun. Wenn man also zwei, drei Kinder haben will, muss die Frau zwei, drei Dutzend Kinder hervorbringen. Das heißt, dass sie ihr ganzes sexuelles Leben über – solange sie gebären kann – schwanger bleibt, immer wieder. Und Schwangerschaft ist ein Kreuz.

Sie ist nie für Sex gewesen. Sie hat ihn erlitten, sie hat ihn ertragen, sie hat ihn über sich ergehen lassen, weil es ihre Pflicht war. Und im tiefsten Herzen hasste sie ihren Mann, weil er sich aufführte wie ein Tier. Warum, glaubt ihr, haben Frauen seit jeher keusche Heilige angebetet? Der tiefste Grund ist der, dass deren Keuschheit sie als heiligere Wesen auswies. Ihren eigenen Ehemann kann sie nicht in gleicher Weise achten.

Sobald du mit einer Frau eine sexuelle Beziehung hast, kann sie keine Achtung mehr vor dir haben. Das ist der Preis. Denn sie weiß, dass du sie benutzt hast ...

In jeder Sprache macht der entsprechende Ausdruck eines klar: dass es der Mann ist, der mit der Frau Liebe macht – nicht umgekehrt. Das ist seltsam, wo sie sich doch beide lieben! Aber in den Sprachen ist es immer der Mann, der die Liebe macht, und die Frau ist nur ein Objekt, die Frau erträgt es nur und lässt sich darauf ein, weil es ihrem Hirn eingehämmert worden ist, dass das ihre Pflicht ist. Der Ehemann ist ihr Gott, und sie muss ihm sein Leben so angenehm wie möglich machen.

Aber der Sex hat ihr nichts gegeben. Und man hat sie nicht wissen lassen – denn der Mann muss bemerkt haben, und zwar sehr früh, als es noch keine Ehe gab und Männer und Frauen so frei waren wie die Vögel ... damals muss der Mann bemerkt haben, und die Frauen der frühesten Urzeit ebenfalls, dass die Frau eine Fähigkeit zum multiplen Orgasmus hat.

Für den Mann ist es ein höchstes Alarmsignal, wenn er die orgasmischen Energien der Frau auslöst. Der Mann kann sie nicht befriedigen, kein Mann kann das. Es scheint eine Diskrepanz zu sein, ein Fehler der Natur, dass die Frau mehrere Orgasmen haben kann, der Mann dagegen nur einen Orgasmus haben kann. Und so hat der Mann sich sogar blind zu stellen versucht, so als könne die Frau überhaupt keinen Orgasmus haben. Darum ist es im Osten heute noch so, vor allem in den entlegenen Teilen des Landes, einmal abgesehen von den großen Städten, wo ein paar wenige Frauen vielleicht darauf gestoßen sind, wo sie durch ihre Erziehung vielleicht die Namen von Masters und Johnson gehört haben, wo sie ihre Fähigkeit zu mehreren Orgasmen entdeckt haben.

Aber im Westen wurde es zu einem Problem, denn die Entdeckung des multiplen Orgasmus ging einher mit der Entdeckung des uralten Betrugs des Mannes an der Frau. Zur gleichen Zeit entstand die Frauenbewegung. Und die

Frauen versuchten, all das Unrecht aufzudecken, das der Mann ihnen angetan hat. Sie bekamen plötzlich dieses neue Phänomen zu fassen, diese Ergebnisse der Forschung. Und die fanatischsten Frauen der Frauenbewegung sind lesbisch geworden, weil nur eine Frau einer anderen Frau zum multiplen Orgasmus verhelfen kann, der nämlich gar nichts mit der Vagina zu tun hat.

Die Körper von Mann und Frau sind einfach sehr ähnlich, außer dass der Mann nur Ansätze zu einer Brust hat und die Frau wirkliche Brüste hat. Aber der Mann hat die physiologischen Merkmale an seinem Körper. Die Klitoris ist nur ein Ansatz zum männlichen Penis, nur ein kleiner Auswuchs, aber sie ist außerhalb der Vagina – Kinder werden aus der Vagina geboren, und der Mann braucht die Klitoris überhaupt nicht zu berühren. Und wenn er nicht mit der Klitoris spielt, kann die Frau nicht zum Orgasmus kommen. Es war also sehr einfach, der Sache aus dem Wege zu gehen.

Die östliche Frau wirkt deswegen anmutiger, weil sie sich nicht bewusst ist, was ihr entgeht. Sie ist deswegen anmutiger, weil sie noch nicht einmal angefangen hat, an Befreiung zu denken. Der Osten insgesamt hat in einer Konditionierung des Sich-Dreinschickens gelebt – sowohl der Mann wie die Frau – in Armut, Unfreiheit, Krankheit, Tod.

Aber der Gedanke der Revolution war unmöglich im östlichen Denken, weil diese Konditionierung, dass man nichts anderes ist als das Produkt seiner eigenen Taten in vergangenen Leben, so stark und so viele Jahrhunderte alt war. Was du bist hat also nichts zu tun mit der gesellschaftlichen Struktur, es hat nichts mit Erziehung zu tun, es hat nichts mit der Klassentrennung in der Gesellschaft zu tun, es hat nichts mit der Unterwerfung der Frau durch den Mann zu tun.

Die Konditionierung ist so alt, dass man damit geboren wird, und das ganze Klima unterstützt diese Konditionierung von allen Seiten.

Alle Religionen des Ostens predigen, dass die Frau aufgrund ihrer früheren Taten als Frau geboren wird. Der Mann ist das höhere Wesen, und die Frau ist das niedrigere Wesen. Das ist allgemein akzeptiert. Wenn du arm bist, dann nicht aufgrund der Ausbeutung durch die Reichen, sondern arm bist du aufgrund deiner Missetaten in der Vergangenheit.

Das Denken der Menschen wurde von den Realitäten auf fiktive Erklärungen abgelenkt. Und du kannst nichts machen, um dein vergangenes Leben zu ändern, du musst es über dich ergehen lassen. Unglaubliche religiöse Sekten sind im Osten entstanden, die kein vernünftiger Mensch akzeptieren kann. Aber Millionen sind ihnen gefolgt.

Zum Beispiel glauben die Jainas, dass die Frau nicht von einem Frauenkörper aus zur Erleuchtung gelangen kann – weil sie nicht wirklich von Sexualität frei sein kann. Sie kann nämlich nicht ihre Periode abstellen, und damit bleibt sie ein sexuelles Wesen! Und solange sie es sich nicht dadurch verdient, dass sie dem Ehemann auf eine zufriedene, anmutige und andächtige Weise dient und alles als ihr Schicksal hinnimmt, gibt es keine Möglichkeit, im nächsten, kommenden Leben als Mann geboren zu werden. Im Augenblick lässt sich also nichts ändern. Im Augenblick musst du dich einfach fügen und dich zufriedengeben. Und alles Rebellieren würde dir obendrein nur die Chancen für die Zukunft verderben. Alle Unzufriedenheit, alle Frustration würde nicht nur deine Gegenwart zerstören, sondern würde auch deine Zukunft zerstören. Der bessere Kurs, der intelligente Kurs ist also, den Mund zu halten. Niemand kann dir helfen, weil du im vergangenen Leben schlimme Dinge getan hast ... Obgleich eure Armut nichts mit vergangenen Leben zu tun hat – aber das ist eine sehr neue Erkenntnis und ist bisher noch nicht ins östliche Denken eingedrungen.

Und genauso, wie Frauen ihre monatliche Periode haben, haben auch Männer eine. Das ist eine ganz neue Entdeckung. Wenn die monatliche Periode sie also daran hindert, erleuchtet zu werden, wird sie den Mann genauso hindern. Nur kommt sie subtiler zum Ausdruck. Bei der Frau drückt sie sich physisch aus – jeden Monat ist das Blut zu sehen; aber wenn jeder Mann Tagebuch führte, wäre er überrascht, dass er jeden Monat, nach achtundzwanzig Tagen, für vier, fünf Tage schlecht gelaunt ist – genau wie die Frau: Er wird irritierbar, ärgerlich wegen Kleinigkeiten. Dieselbe Person hätte sich zu einer anderen Zeit nicht über dieselben Dinge aufgeregt, aber in diesen vier, fünf Tagen ... seine Periode ist eher psychologisch. Das ist der einzige Unterschied. Und es ist gut, wenn jedes Paar genau Bescheid weiß, wann die Frau ihre Periode hat und der Mann verständnisvoller sein muss ... Denn sie kann nichts dafür, sie wird eben irritierbar sein, sie wird sich leicht aufregen, ärgerlich werden, mehr nörgeln.

Im Osten hat man, um dem vorzubeugen, eine sehr seltsame Strategie erfunden – während ihrer Periode muss die Frau in einer sehr dunklen Zelle des Hauses wohnen, sie darf nicht heraus, mit niemandem Kontakt haben, weil schon ihr Schatten alles verunreinigt! Sie darf kein Essen kochen, muss sich abseits und verborgen halten und sich schämen. Nun, in gewisser Weise war es gut, dass sie diese vier, fünf Tage Ruhe hatte und niemanden sah und keinen unnötigen Konflikt verursachte. Aber es war einseitig und ungerechtfertigt.

Der Mann bekommt auch seine Periode – und am schlimmsten ist es, wenn Mann und Frau gleichzeitig ihre Tage bekommen. Dann nimmt die Situation kriegerische Ausmaße an. Aber meistens kommt es nicht dazu – der Ehemann hat seine Tage zu einer anderen Zeit als die Frau. Aber wenn der Ehemann vier oder fünf Monate lang Tagebuch führt – einfach um herauszufinden, an welchen Daten seine Tage jeweils begonnen haben, an welchen Daten seine Tage aufhören –, dann kann er seiner Frau und seiner Familie Bescheid geben: „In diesen fünf Tagen müsst ihr ein bisschen nachsichtiger und einfühlsamer mit mir sein, weil ich dann in der gleichen Situation bin" …

Männer und Frauen sind keine verschiedenen Spezies. Sie mögen sich unterscheiden, aber sie gehören derselben Spezies an. Hört auf mit dem alten Unsinn, dass die Frau nicht von ihrem Körper aus zur Erleuchtung kommen kann, weil sie ihre Tage nicht unterbinden kann, womit eindeutig bewiesen sei, dass sie nicht frei von Sexualität sein kann. Der Mann kann vortäuschen, zölibatär zu sein, frei von Sexualität zu sein, weil seine Tage psychologisch sind und er keine sichtbaren Symptome hat.

Es gibt in Indien eine alte Sekte – *Terapand*. Sie sagen, selbst wenn du an einem Brunnen vorbeikommst, in den jemand hineingefallen ist, der ruft und schreit: „Rette mich! Hilf mir!", dann geh einfach deines Weges, als hättest du ihn gar nicht gehört. Er erleidet jetzt nämlich die Strafe für irgendeine schlimme Tat, begangen in seinem früheren Leben. Und wenn du dich einmischst, wird er wieder in einen Brunnen fallen müssen. Warum unnötig Probleme machen? Du bildest dir ein, dass du ihm hilfst, in Wirklichkeit schiebst du es nur auf. Es ist besser für ihn, die Strafe hinter sich zu bringen, statt deine Hilfe anzunehmen und aus dem Brunnen herauszukommen, nur um wieder hineinzufallen. Er muss sowieso hineinfallen. Das ist die eine Seite der Gefahr, wenn du dich einmischst – und unnötig. Denn niemand kann sein Schicksal ändern, niemand kann seine Vergangenheit ungeschehen machen. Er muss alle Konsequenzen tragen. Zweitens aber hat es auch für dich schlimme Folgen. Vielleicht rettest du den Mann, und er begeht morgen einen Mord ... dann magst du vielleicht nicht von der Polizei und vom Gericht belangt werden, aber das Gesetz des Karma, an das alle östlichen Religionen glauben, wird dir nicht vergeben. Du musst die Konsequenzen mittragen, denn hättest du ihn nicht gerettet, hätte er nicht morden können. Du bist ein Mittäter – unwissend, unwissentlich, unbewusst, aber das ändert nichts am Gesetz. Das Gesetz muss bis ins Einzelne erfüllt werden.

Dies ist der logische Schluss aus der Theorie vom „karmischen Gesetz", dem Gesetz deiner Handlungen – und ihrer Konsequenzen.

Darum also hat es im Osten keine Revolution gegeben. Und die Frage, warum Frauen so anmutig wirken und nicht so frustriert wie im Westen, ist sehr einfach zu beantworten. Sie haben ihr Schicksal akzeptiert. Die westliche Frau revoltiert jetzt zum ersten Mal in der Geschichte gegen all diese Einbildungen von Schicksal, karmischem Gesetz, vergangenen Leben. Es ist eine so unsinnige Vorstellung, dass du etwas in deinem vergangenen Leben begangen haben sollst und die Existenz dann so lange wartet, bis sie dich bestraft. Wer soll die Akten für so viele Millionen Menschen führen?

Und das Leben selber lehrt uns ... halte einfach mal deine Hand ... Genau das habe ich zu einem Jaina-Mönch gesagt, der mit mir über das karmische Gesetz diskutierte; ich sagte zu ihm: „Kein Problem, halt einfach mal deine Hand ins Feuer, und dann wollen wir sehen, ob es dich jetzt verbrennt oder in deinem nächsten Leben."

Die Konsequenzen folgen der Handlung auf dem Fuße. Ich sagte zu ihm: „Halt deine Hand drüber", und er zögerte.

Ich sagte: „Warum zögerst du? Es wird noch lange dauern, bevor du dich in deinem nächsten Leben verbrennen wirst."

Er sagte: „Das ist ja ein seltsames Argument. Ich werde mir die Hand jetzt gleich verbrennen."

Ich sagte: „Du erkennst also an, dass in der Natur, im Leben die Konsequenz sofort auf die Handlung folgt – genauso wie dir dein Schatten folgt."

Da ist keine Lücke: Nicht etwa, dass du im vergangenen Leben vorbeigegangen bist und wir in diesem Leben deinen Schatten sehen. Wir sehen nur deinen Schatten, und somit wissen wir, dass im vergangenen Leben jemand hier vorbeigekommen sein muss. Die Konsequenz ist der Schatten ...

Aber die westliche Frau muss jetzt eine sehr revolutionäre Phase durchmachen, und das hat ihre Zufriedenheit zerstört – die Anmut, die ihr sonst immer eigen war. Und es hat sie ins andere Extrem geführt, sodass sie angefangen hat, sich hässlich und gemein zu geben. Es ist keine Auflehnung, die aus der Einsicht kommt, sondern nur eine Reaktionshaltung.

Die Gründe, warum die westliche Frau anders geworden ist als die östliche Frau, sind ... Erstens Karl Marx, der verkündete und der die Intelligenzia der ganzen Welt überzeugte, dass Armut nichts mit irgendwelchen vergangenen Leben oder mit Schicksal oder mit Vorhersehung zu tun hat; dass da nicht irgendein Gott beschließt, wer arm sein soll und wer reich; dass es die gesellschaftliche Struktur, die ökonomische Struktur ist, welche darüber entscheidet, wer arm sein wird. Und dass diese Struktur änderbar ist, weil sie nicht von Gott gemacht ist – es gibt keinen Gott als solchen –, sondern dass sie vom Menschen gemacht ist.

Und die russische Revolution gab Marx auf experimenteller Basis Recht: Die Struktur ist änderbar. Könige können bettelarm werden, und die Bettler können Könige werden. Und es kam keine Einmischung von Seiten Gottes, die da sagte: „Das könnt ihr nicht machen, ich habe ihnen mein Siegel auf die Stirn gedrückt, ihr dürft nichts dran ändern!" Die ganze Zarenfamilie in Russland – neunzehn Personen, Männer und Frauen, alt, jung, Kinder – ein kleiner Säugling war erst sechs Monate alt und ein alter Mann neunzig –, die ganze neunzehnköpfige königliche Familie wurde niedergemetzelt. Man schnitt sie in Stücke – und Gott mischte sich nicht ein und sagte: „Was macht ihr da mit dieser Familie? Das ist meine Sache! Was macht ihr mit den Leuten, die ich als die Eigentümer von fast einem Sechstel der Welt eingesetzt habe?" Das russische Reich war damals das größte Reich. Und der Zar war der reichste Mann auf Erden.

Der erste Hammer kam also von Karl Marx. Der zweite Hammer kam von Siegmund Freud. Denn er erklärte, dass Männer und Frauen gleich sind und zur gleichen Spezies gehören und dass alle Theorien oder Philosophien, die die Frauen verdammen, einfach unmenschlich sind und männlichen Chauvinismus beweisen.

Und dann kam der dritte und letzte Hammer durch die Nachforschungen von Masters und Johnson, die ans Licht brachten, dass die Frau seit altersher um ihren Orgasmus betrogen wurde. Womit bewiesen ist, dass der Mann sich wirklich unmenschlich verhalten hat. Was seinen eigenen

Sex betraf, hat er die Frau ausgenutzt; aber er hat es nicht erlaubt, dass auch die Frau den Sex genoss.

Diese drei Dinge haben das ganze Klima des Westens verändert. Aber diese drei Dinge sind bisher noch nicht ins traditionelle östliche Denken eingedrungen. Als Konsequenz ist die westliche Frau auf dem Kriegspfad. Aber es ist nur eine Reaktion. Darum bin ich nicht für das, was im Namen der Frauenbefreiung passiert. Ich möchte zwar, dass die Frau befreit wird, aber nicht, dass sie ins andere Extrem geht. Die Frauenbewegung geht ins andere Extrem. Sie versucht, Rache zu nehmen. Sie versucht, dem Mann genau das Gleiche anzutun, was der Mann der Frau angetan hat. Das ist schiere Dummheit. Das Vergangene ist vergangen. Es existiert nicht mehr. Und was der Mann getan hat, geschah unbewusst, es war keine bewusste Verschwörung gegen die Frauen. Weder war er bewusst, noch war sie bewusst.

Die Frauen der Bewegung erklären, dass sie keine Beziehungen mit Männern haben wollen. Schneidet alle Beziehungen zum Mann ab! Lesbische Liebe wird großgeschrieben – parallel zur Homosexualität soll die Frau nur andere Frauen lieben! Und boykottiert den Mann! Und als Reaktion tut alles, was er den Frauen angetan hat – benehmt euch daneben, schikaniert ihn, redet so unflätig wie der Mann immer geredet hat. Natürlich verlieren sie da ihre Anmut, ihre Schönheit. Zieht euch genauso an, wie der Mann sich immer angezogen hat!

Aber es ist seltsam, wie Kleidung verändert. Die Kleidung der östlichen Frau hat Grazie und verleiht dem ganzen Körper Grazie. Die westliche Frau versucht, es Cowboys gleichzutun – also Blue Jeans, albern aussehende Kleider, hässliche Frisuren. Sie glauben vielleicht, dass sie Rache nehmen – sie zerstören sich selbst. Aber Rache zerstört dich immer nur selbst; Reaktion zerstört dich immer nur selbst. Ich sähe sie liebend gern als Rebellen. Und ein Rebell weiß: Irren ist menschlich, und Vergeben ist noch menschlicher.

Die Vergangenheit war voll von Fehlern, allen möglichen Fehlern – brecht mit der Vergangenheit. Fangt alles, auch die Beziehung zwischen Mann und Frau, im Lichte neuer Entdeckungen von vorne an.

Sucht Wege – gemeinsam –, wie das Leben zu einer schöneren Erfahrung gemacht werden kann, zu einem liebevollen Tanz ohne all das Abstoßende, was in der Vergangenheit passiert ist. Wiederholt es nicht noch einmal. Es ist einfach die Pendelbewegung: Erst hat der Mann idiotische Sachen gemacht, jetzt will die Frau die gleichen idiotischen Sachen machen.

Aber die Menschheit als Ganzes leidet weiter. Wer die Dummheit begeht, ist egal, aber die Menschheit kommt nicht vom Fleck. Mann und Frau müssen zur Eintracht finden – sie müssen das Vergangene vergeben und es vergessen. Und sie müssen von vorn anfangen, bei den neuen Entdeckungen, und sich an eines erinnern – dass die Frau den Mann nicht nachahmen darf, weil das, was sie attraktiv, was sie schön macht, zu einer anderen Dimension gehört. Wenn sie den Mann nachahmt, wird sie nur eine Kopie des Mannes werden. Sie wird ihre Identität verlieren.

Und sie verliert sie bereits – und der Körper folgt dem Geist auf eine unmerkliche Art und Weise. Der Körper der westlichen Frau verliert seine alte Anmut, die alten Rundungen. Die westliche Frau hat keine so schönen Brüste mehr wie früher – woher kommt das? Der Körper folgt dem Geist. Sie hatte früher schöne Rundungen, jetzt wird sie flach wie ein Brett. Aber Kleidung wirkt sich auf ihren Körper aus. Ihre geistige Einstellung wirkt sich auf den Körper aus. Sie darf kein Gipsabguss des Mannes werden. Sie muss so vollkommen werden, wie eine Frau nur sein kann, und so viel Abstand zwischen sich und dem Mann bewahren wie möglich – je größer der Abstand, desto mehr Anziehungskraft, desto mehr Schönheit, desto mehr Anmut. Sie muss ihre eigene Identität finden.

Ich bin absolut für Befreiung – Befreiung für beide, Männer wie Frauen. Denn es ist ein einfaches Gesetz, dass der Versklavende zum Sklaven seiner eigenen Sklaven wird. Der Mann hat die Frau versklavt, aber er ist auch Sklave geworden. Darum findet ihr nirgendwo einen Ehemann, der nicht tatsächlich unterm Pantoffel steht – jedenfalls habe ich noch keinen gefunden. Ich habe lange nach einem Ehemann gesucht, der nicht unter dem Pantoffel steht. Außen sind sie alle Löwen – wenigstens Mitglied im *Lions Club*. Zu Hause sind sie nicht mehr als Ratten. Und wenn sie ein bisschen Einsicht hätten, sollten sie Ratten-Clubs gründen. Das käme der Wahrheit näher – Club der Pantoffelhelden.

Du kannst niemanden versklaven, ohne selber ein Sklave zu werden. Was du andern gibst, das musst du zurückbekommen. Gib Liebe, und du wirst Liebe bekommen. Gib Unterdrückung, und du wirst Unterdrückung bekommen. Was immer du gibst, kommt in der einen oder anderen Form zu dir zurück. Beide brauchen Befreiung: Befreiung von der Vergangenheit, Befreiung von allen Fehlern, allen abstoßenden Vorstellungen der Vergangenheit. Sie müssen eine neue Welt kreieren, einen neuen Mann, eine neue Frau.

Aber nirgendwo passiert dergleichen. Ich möchte, dass meine Leute – vor allem die Frauen – eine echte Frauenbefreiung ins Leben rufen, eine Bewegung, die nicht reaktionär sein wird, die nicht aus der Wut und dem Hass kommt, sondern aus dem Verständnis, dem Mitgefühl, der Liebe und der Meditation. Dann wird die westliche Frau nicht ihre Anmut verlieren, nicht ihre Zufriedenheit verlieren. Tatsächlich kann auch der Mann anmutiger sein, wenn er der Frau erlaubt, anmutiger zu sein. Auch der Mann kann schöner werden, wenn er auch der Frau erlaubt, schöner zu werden. Aber das heißt, mehr Distanz zu schaffen – je weiter sie voneinander entfernt sind, desto magnetischer die Anziehungskraft, desto mehr Attraktion, desto mehr Abenteuer. Eine Frau rauchen zu sehen ... ich kann einfach meinen Augen nicht trauen! Was kommt als Nächstes? Sie wird noch anfangen im Stehen zu pissen! Sie muss einfach alles machen, was der Mann bisher gemacht hat – alle Dummheiten.

Die Frau darf sich nicht zu Reaktionen herablassen, und sie muss eine solche Anmut und Schönheit entfalten, dass der Mann gleichfalls eine schönere Individualität, ein anmutigeres Wesen entfalten muss. Und die Begegnung beider darf sich nicht mehr in Form von Ehe abspielen. Sie sollten sich nur noch als Freunde begegnen – in Form von Freundlichkeit, nicht einmal Freundschaft. Dieses Wort „Freundschaft" erinnert an Verwandtschaft. Dieses „Schaft" hat die ganze Menschheit geschafft. Ab jetzt keine „Schäfte" mehr. Freundlichkeit ... und ein tiefes Verständnis, dass nichts im Leben von Dauer ist – selbst die Liebe ist eine Rosenblüte. Am Morgen tanzt sie im Winde, im Sonnenschein, als würde sie ewig bleiben – mit einer solchen Großartigkeit, einer solchen Gewissheit, einer solchen Autorität, so zart und doch so stark gegen den Wind, gegen den Regen, gegen die Sonne! Aber wenn der Abend kommt, sind die Blütenblätter verwelkt, und die Rose ist hin. Das heißt nicht, dass die Rose eine Illusion war – das heißt nur, dass im Leben alles Wandel ist. Und der Wandel hält alles jung, frisch.

An dem Tag, an dem die Ehe verschwindet, wird das Leben von Mann und Frau gesünder werden und ganz sicher länger, als ihr es euch vorstellen könnt. Und ihr werdet euch wundern, was das mit der Ehe zu tun haben soll. Die Ehe ist nämlich eine Art Widerstand gegen das wechselnde Leben, ein Errichten von etwas Dauerhaftem. Beide werden stumpf, gelangweilt. Das Leben verliert ihr Interesse. Ja, sie müssen ihr Interesse abtöten, weil es sonst ständig Reibung gibt. Der Mann darf sich für keine andere Frau interessieren, die Frau darf nicht mit einem anderen Mann zusammen lachen. Sie werden zu gegenseitigen Gefangenen; das Leben wird Langeweile, Routine. Und wer will so ein Leben führen?

Der Lebenswille wird geschwächt. Das führt zu Krankheiten, Leiden – weil der Widerstand beider gegen den Tod nicht mehr da ist. Vielmehr fangen sie an darüber nachzudenken, wie man diesem ganzen Teufelskreis schneller ein Ende bereiten kann. Sie fangen an, im innersten Herzen den Tod herbeizuwünschen. Ein Todeswille entsteht.

Siegmund Freud entdeckte als Erster, dass es im Unbewussten des Menschen einen Todeswunsch gibt. Aber ich stimme Sigmund Freud nicht in allem zu. Dieser Todeswunsch ist nicht ein natürliches Phänomen – er ist eine Folgeerscheinung der Ehe, er ist eine Folgeerscheinung eines gelangweilten Lebens. Eine Folgeerscheinung …

Wenn sich das Gefühl einstellt, dass das Leben kein Abenteuer mehr ist, keine neuen Dimensionen, keine neuen Weidegründe bietet, warum dann unnötig weiterleben? Dann scheint der ewiger Schlaf in einem Grab weit bequemer, weit luxuriöser, weit fröhlicher zu sein. In keinem Tier existiert der Todeswunsch. In der Wildnis begeht kein Tier Selbstmord. Aber seltsam, in Zoos kommt es vor, dass Tiere Selbstmord begehen. Und wenn Siegmund Freud nur Zootiere studiert, kommt er natürlich zu dem Schluss, dass es einen Todeswunsch gibt, genauso wie es einen Lebenswillen gibt. Aber Zootiere sind keine wirklichen Tiere. Und eine Ehe macht aus jedem ein Zootier – eingesperrt, gefesselt auf tausendundeine unsichtbare Art.

Sigmund Freud hatte keine Ahnung von den wilden Tieren – oder den wilden Menschen. Ich möchte, dass die Menschen etwas von der Wildnis in sich haben – das ist mein Rebell. Er wird zu keinem Zoo gehören. Er wird natürlich bleiben. Und er wird nicht gegen das Leben angehen, er wird mit dem Leben mitfließen.

Wenn Mann und Frau zu dem Einverständnis kommen können – was überhaupt nicht schwer ist, was die einfachste Sache von der Welt ist –, dass wir aufhören, Zootiere zu sein, dass wir uns aus dem Zoo befreien – genau das ist nötig: Befreiung von der Ehe –, dann wächst die Frau in ihrer natürlichen Wildheit, und der Mann wächst in seiner natürlichen Wildheit, und als Fremde begegnen sie sich in Freundlichkeit. Dann wird ihre Liebe eine gewaltige Tiefe bekommen, eine große Freude, einen seligen Tanz.

Es gibt keinen Vertrag, es gibt kein Gesetz. Liebe ist sich selbst das Gesetz. Und wenn sie verschwindet, sagen sie einander Adieu, voller Dankbarkeit für all die schönen Augenblicke, die sie zusammen verbracht haben, für all die Tänze unter dem Vollmond, für all die Momente voller Musik am Meeresstrand … Sie werden all diese goldenen Erinnerungen mitnehmen, und sie werden auf ewig dankbar sein. Aber sie werden einander nicht in ihrer Freiheit behindern: Ihre Liebe verbietet es. Ihre Liebe sollte mehr Freiheit geben. Früher hat sie mehr Unterdrückung gegeben.

Die Frauen im Westen brauchen unbedingt den Start einer neuen Bewegung der Frauenbefreiung. Denn die Anführer der heutigen Befreiungsbewegung sind keine Meditierer, sondern geistesgestört: wahnsinnige Frauen kämpfen gegen wahnsinnige Männer. Was gebraucht wird, ist mehr geistige Klarheit, was gebraucht wird, ist ein tiefes Mitgefühl, sogar für diejenigen, die euch früher in ihrer Unbewusstheit Schaden zugefügt haben. Es war nicht Absicht. Aber jetzt versucht die Frauenbewegung, dem Mann absichtlich zu schaden. Das wird nur noch hässlicher werden. Weit ist es noch nicht gediehen, aber es gibt nicht viele Frauen, die sich von diesen Reaktionären haben überzeugen lassen.

Eine neue Bewegung der Frauenbefreiung kann Millionen von Frauen erfassen, die intelligent und einsichtsvoll sind. Und diese Bewegung wird jede Unterstützung von den Männern bekommen – weil ihr nicht gegen die Männer kämpft, sondern gegen die Vergangenheit, in der ihr gelitten habt, in der der Mann gelitten hat, in der alle gelitten haben. Die Rebellion geht nicht gegen den Mann als solchen, die Rebellion geht gegen die Vergangenheit von Mann und Frau. Und dann wird diese Rebellion etwas Religiöses bekommen, was den Menschen Anmut und Dankbarkeit geben wird.

Ich hoffe, dir ist klar geworden, warum der Unterschied zwischen den westlichen und östlichen Frauen entstanden ist. Es hat ihn vor diesem Jahrhundert nicht gegeben.

Ich habe gehört:
Präsident Ronald Reagan schaute einmal mitten ins

Innere eines berühmten griechischen Kraters. Schließlich kommentierte er: „Das sieht ja aus wie in der Hölle."

„Ach, ihr Amerikaner!", sagte der Fremdenführer. „Ihr wart einfach schon überall."

Die westliche Frau weiß inzwischen mehr. Sie war einfach schon überall. Ihr sind Dinge bewusst geworden, über die sich die östliche Frau in seliger Unschuld wiegt. Ihre Unschuld hat eine gewisse Anmut, eine Schönheit nicht von dieser Welt, die euch einen Hinweis aufs Überweltliche geben kann. Das sollte bei jeder Frau auf der Welt der Fall sein. Jede Frau kann ein Hinweis aufs Göttliche werden – ihre Anmut, ihre Schönheit, ihre Liebe, ihre Hingabe kann euch den Weg zu höheren Reichen des Seins zeigen, zu größeren Räumen des Bewusstseins.

Eine Frau ist nicht nur fähig, Kinder zu gebären, sie ist auch fähig, Wahrheitssucher hervorzubringen. Aber diese Seite der Frau ist bisher überhaupt noch nicht erforscht worden. Ich möchte, dass meine rebellischen Leute auch diese Seite erforschen.

The Rebel, 1987

Die Angst vor Intimität

*Ich fühle mich so eingesperrt von der Angst,
mit einem Mann intim zu werden und völlig die
Kontrolle zu verlieren. Da sitzt diese ungezähmte Frau
eingesperrt in meinem Innern. Wenn sie ab und zu
erscheint, flippen die Männer meistens aus,
und dann zieht sie sich wieder zurück in ihren
Winterschlaf, geht auf Nummer Sicher und
ist total frustriert. Kannst du bitte
etwas über diese Angst vor Intimität sagen?*

Die Menschheit, besonders die Gesamtheit der Frauen, leidet an vielen Krankheiten. Bis heute sind alle sogenannten Zivilisationen und Kulturen psychologisch krank gewesen. Sie haben es nie gewagt, ihre Krankheit auch nur zu erkennen; und der erste Schritt zur Besserung ist zu erkennen, dass man krank ist. Und besonders unnatürlich war die Beziehung zwischen Mann und Frau.

Ein paar Tatsachen muss man sich hier vor Augen führen. Erstens: Der Mann hat die Fähigkeit zu nur einem Orgasmus; die Frau hat die Fähigkeit zu mehreren Orgasmen. Das hat zu einem enormen Problem geführt. Es hätte nicht das geringste Problem gegeben, wenn ihnen nicht die Ehe und die Monogamie aufgezwungen worden wäre. Das war offensichtlich nicht die Absicht der Natur.

Zweitens: Der Sex des Mannes ist lokal, genital begrenzt. Das gilt nicht für die Frau. Ihre Sexualität, ihre Sinnlichkeit, umfasst ihren ganzen Körper. Sie braucht mehr Zeit, um warm zu werden, und ehe sie überhaupt angefangen hat warm zu werden, ist der Mann schon fertig. Er dreht ihr den Rücken zu und fängt an zu schnarchen. Jahrtausendelang haben Millionen von Frauen überall auf der Welt gelebt und sind wieder gestorben, ohne das größte Geschenk der Natur zu kennen – die Freude des Orgasmus. Es war ein Schutz für das Ego des Mannes. Die Frau braucht ein langes Vorspiel, bis ihr ganzer Körper vor Aufregung bebt, aber dann wird es gefährlich: Wohin mit ihrer Fähigkeit zu mehreren Orgasmen?

Wissenschaftlich betrachtet sollte man den Sex entweder nicht so ernst nehmen und seine Freunde einladen, damit die Frau ihr ganzes Spektrum an Orgasmen erleben kann, oder man sollte technische Vibratoren benutzen. Aber bei beidem gibt es Probleme: Wenn du technische Vibratoren benutzt, können sie der Frau so viele Orgasmen geben, wie sie nur haben kann; aber wenn die Frau das erst einmal kennenlernt ... dann sieht das männliche Organ so armselig aus, dass sie vielleicht ein technisches Instrument, so einen Vibrator, einem Freund vorziehen könnte. Und wenn du ein paar Freunden erlaubst, dir Gesellschaft zu leisten, dann wird es ein gesellschaftlicher Skandal: Du schwelgst in Orgien!

Der einfachste Weg, den der Mann gefunden hat, ist also, dass die Frau sich noch nicht einmal bewegen darf, wenn er sie liebt. Am besten hält sie still wie eine Tote! Und die Ejakulation des Mannes kommt schnell – nach zwei, höchstens drei Minuten. Bis dahin wird sich die Frau nicht im mindesten bewusst, was ihr entgeht.

Was die biologische Fortpflanzung angeht, ist der Orgasmus nicht nötig. Aber was spirituelles Wachstum angeht, ist der Orgasmus nötig.

Ich bin immer wieder gefragt worden, warum so wenig Frauen bisher erleuchtet worden sind. Neben anderen Gründen ist dies der wichtigste Grund: Sie sind nie auf den Geschmack des Orgasmus gekommen. Das Fenster zum grenzenlosen Himmel hat sich niemals geöffnet. Sie haben gelebt, sie haben Kinder geboren, und sie sind gestorben. Sie sind von der Biologie und vom Mann ausgenutzt worden, als wären sie eine Fabrik zur Herstellung von Kindern.

Im Osten ist es sogar heute noch sehr schwer, eine Frau zu finden, die weiß, was ein Orgasmus ist. Ich habe sehr intelligente, gebildete, kultivierte Frauen gefragt – sie haben keine Ahnung davon. Es ist sogar so, dass es in den östlichen Sprachen kein Wort gibt, das man zur Übersetzung von „Orgasmus" benutzen könnte. Es wurde nicht gebraucht, es wurde einfach nie daran gerührt.

Und der Mann hat der Frau weisgemacht, dass nur Prostituierte Freude am Sex hätten. Sie stöhnen und sie seufzen und sie schreien, und sie drehen fast durch – wenn du eine feine Dame bleiben willst, solltest du solche Dinge nicht tun. Und so bleibt die Frau angespannt und fühlt tief innen die Demütigung, benutzt worden zu sein. Und viele Frauen haben mir anvertraut, dass sie nach dem Liebesakt, wenn der Mann schon vor sich hinschnarcht, geweint haben.

Eine Frau ist beinahe wie ein Musikinstrument; ihr ganzer Körper hat eine ungeheure Sensibilität, und diese Sensibilität sollte geweckt werden. Es ist also ein Vorspiel nötig. Und nach dem Liebesakt sollte der Mann nicht sofort einschlafen; das ist hässlich, unzivilisiert, unkultiviert. Eine Frau, die dir so viel Freude geschenkt hat, braucht auch ein Nachspiel – einfach aus Dankbarkeit.

Deine Frage ist sehr wichtig ... und sie wird in Zukunft immer wichtiger werden. Dieses Problem muss gelöst werden; aber die Ehe ist ein Hindernis, die Religion ist ein Hindernis, eure verkommenen alten Vorstellungen sind Hindernisse. Die halbe Menschheit wird durch sie gehindert, in Freude zu leben. Und ihre ganze Energie – die zu Blumen der Freude hätte aufblühen sollen – wird sauer, vergiftet, zu Nörgelei und Miesmacherei. Ansonsten würde all diese Nörgelei und Miesmacherei verschwinden.

Männer und Frauen sollten nicht vertraglich gebunden sein, wie in der Ehe. Sie sollten einander lieben – aber dabei ihre Freiheit behalten. Sie sind einander nichts schuldig.

Und das Leben sollte beweglicher sein. Eine Frau sollte mit vielen Freunden Kontakt haben, ein Mann sollte mit vielen Frauen Kontakt haben – das sollte einfach die Regel sein. Aber das ist nur möglich, wenn Sex als ein Spiel angesehen wird, als ein Vergnügen. Es ist nicht Sünde, es ist Spaß. Und seit die Pille eingeführt ist, braucht man keine Angst mehr wegen Kindern zu haben.

Die Pille ist meiner Meinung nach die größte Revolution in der Geschichte. Bis heute sind der Menschheit noch lange nicht all ihre Möglichkeiten erschlossen worden. Früher war es problematisch, denn Liebe machen hieß, immer mehr Kinder zu machen. Das richtete die Frau zugrunde. Sie war ständig schwanger. Und immer schwanger zu sein und zwölf oder zwanzig Kinder in die Welt zu setzen, das ist eine qualvolle Erfahrung.

Aber die Zukunft kann völlig anders werden – und dieses Andere wird nicht vom Mann ausgehen. Gerade so wie Marx über das Proletariat gesagt hat: „Proletarier aller Länder, vereinigt euch. Ihr habt nichts zu verlieren und alles zu gewinnen …" Er sah die Gesellschaft in zwei Klassen geteilt, die Reichen und die Armen.

Ich sehe die Gesellschaft ebenfalls in zwei Klassen geteilt: Mann und Frau.

Der Mann ist seit Jahrhunderten immer der Herr gewesen, und die Frau der Sklave. Man hat sie versteigert, man hat sie verkauft, man hat sie lebendig verbrannt. Alle Unmenschlichkeiten, die man nur tun kann, hat man Frauen angetan.

Die einzige Möglichkeit, den Status der Frau zu verändern, scheint die zu sein, den Wissenschaften die völlige Freiheit zu lassen, die Beziehung zwischen Mann und Frau zu transformieren und die Vorstellung von der Ehe abzuschaffen. Denn sie ist ganz und gar hässlich, einfach eine Art Privateigentum. Menschen kann man nicht besitzen, sie sind kein Eigentum. Und Liebe sollte einfach ein fröhliches Spiel sein. Und falls ihr Kinder wollt, dann sollten die Kinder der Gesellschaft angehören, sodass man die Frau nicht in die Kategorie der Mutter, der Ehefrau, der Prostituierten stecken kann. Diese Kategorien sollten abgeschafft werden.

Du fragst: *„Ich fühle mich so eingesperrt von der Angst, mit einem Mann intim zu werden und völlig die Kontrolle zu verlieren."* Jede Frau hat Angst, denn wenn sie die Kontrolle mit einem Mann verliert, flippt der Mann aus. Er kann damit nicht umgehen. Seine Sexualität ist zu klein. Weil er der Geber ist, verliert er Energie im Liebesakt. Die Frau verliert keine Energie im Liebesakt – im Gegenteil, sie fühlt sich genährt.

Nun, dies sind einfach Tatsachen, die man berücksichtigen muss. Der Mann hat die Frau jahrhundertelang gezwungen, sich unter Kontrolle zu halten und hat sie sich damit vom

Leibe gehalten, hat ihr nie erlaubt, allzu intim zu sein. All sein Gerede von Liebe ist einen feuchten Dreck wert.

„Da sitzt diese ungezähmte Frau eingesperrt in meinem Innern… Wenn sie ab und zu erscheint, flippen die Männer meistens aus, und dann zieht sie sich wieder zurück in ihren Winterschlaf, geht auf Nummer Sicher und ist total frustriert." Das ist nicht nur deine Geschichte, das ist die Geschichte aller Frauen. Sie leben alle in tiefer Frustration. Da sie keinen Ausweg finden, da sie nichts davon wissen, was ihnen genommen worden ist, steht ihnen nur eine Möglichkeit offen: Man findet sie in Kirchen, in Tempeln, in Synagogen – betend zu Gott. Aber dieser Gott ist ebenfalls ein männlicher Chauvinist. In der christlichen Dreifaltigkeit ist kein Platz für eine Frau. Alles Männer: der Vater, der Sohn, der heilige Geist. Es ist ein schwuler Männerclub.

Das erinnert mich daran: Als Gott anfangs die Welt erschuf, da schuf er Mann und Frau aus Lehm und hauchte ihnen Atem ein. Er erschuf sie als gleichberechtigt. Aber wenn ihr euch so die Welt anseht, dann werdet ihr verstehen – wer immer sie erschaffen hat, ist ein bisschen dumm. Er erschuf also Mann und Frau und baute ihnen ein kleines Bett zum Schlafen. Das Bett war so klein, dass nur eine Person darin schlafen konnte. Sie waren gleich, aber die Frau machte sich stark: Sie würde im Bett liegen, er solle auf dem Boden schlafen. Und dasselbe Problem mit dem Mann: Er war nicht gewillt, auf dem Boden zu schlafen. Ihr werdet staunen zu hören, dass in der ersten Nacht der Schöpfung alle Kissenschlachten ihren Anfang nahmen …

Sie mussten sich an Gott wenden. Und die Lösung war so einfach – bau einfach ein Doppelbett! Jeder Tischler hätte das machen können. Aber Gott ist ein Mann … und so voreingenommen wie jeder andere Mann: Er beseitigte die Frau wieder, zerstörte sie. Und dann erschuf er Eva. Aber jetzt war die Frau nicht mehr gleichberechtigt mit dem Mann. Sie wurde aus einer Rippe Adams gemacht; somit sollte sie nur Adam dienen, sich um den Mann kümmern, vom Mann benutzt werden.

Die Christen erzählen euch nicht die ganze Geschichte. Ihre Geschichte fängt bei Adam und Eva an – aber Eva ist bereits auf den Sklavenstand reduziert worden. Und seit dem Tag hat die Frau auf tausenderlei Art in der Sklaverei gelebt. Finanziell durfte sie nicht unabhängig sein. Bildungsmäßig durfte sie dem Mann nicht gleichgestellt sein – denn dann hätte sie finanziell unabhängig werden können. In religiöser Hinsicht durfte sie nicht einmal die Schriften lesen oder jemandem bei der Lesung der Schriften zuhören!

Die Flügel der Frauen sind auf viele Arten beschnitten worden. Und der größte Schaden, der ihr zugefügt wurde, ist die Ehe, denn weder der Mann noch die Frau ist monogam, in psychologischer Hinsicht sind sie polygam. Ihre ganze Psychologie ist also vergewaltigt worden – gegen ihre eigene Natur. Und weil die Frau auf den Mann angewiesen war, musste sie alle möglichen Demütigungen über sich ergehen lassen – denn der Mann war der Herr, er war der Besitzer, er hatte alles Geld.

Um seine polygame Natur zu befriedigen, schuf der Mann Prostituierte. Prostituierte sind ein Nebenprodukt der Ehe.

Und diese hässliche Einrichtung der Prostitution wird solange nicht aus der Welt verschwinden, wie die Ehe nicht verschwindet. Sie ist deren Schatten – weil der Mann nicht an eine monogame Beziehung gebunden sein will. Und er kann sich frei bewegen: Er hat das Geld, er hat die Bildung, er besitzt alle Macht. Er erfand die Prostituierte; und eine Frau zu zerstören, indem man sie zur Prostituierten macht, ist der schlimmste Mord, den man begehen kann.

Das Seltsame ist, dass alle Religionen gegen die Prostitution sind – dabei sind sie die Ursache! Sie sind ganz und gar für die Ehe und können die einfache Tatsache nicht erkennen, dass Prostitution mit der Ehe entstanden ist.

Jetzt versucht die Frauenbewegung, all die Dummheiten nachzuahmen, die die Männer den Frauen angetan haben. In London, in New York, in San Francisco könnt ihr männliche Prostituierte finden. Das ist ein neues Phänomen. Aber das ist kein revolutionärer Fortschritt, das ist eine Reaktion.

Das Problem ist, dass du, wenn du beim Lieben nicht die Kontrolle verlierst, keine orgasmische Erfahrung machen wirst. So sollten also wenigstens meine Leute mehr Verständnis dafür zeigen, dass die Frau stöhnen und seufzen und schreien wird. Das kommt daher, dass ihr ganzer Körper dabei ist – total dabei. Ihr braucht keine Angst davor zu haben. Es ist ungeheuer heilsam: Sie wird dich nicht mehr angiften, und sie wird nicht mehr an dir herumnörgeln, denn all die Energie, die zu Angifterei wird, ist jetzt in eine enorme Freude verwandelt worden. Und habt keine Angst vor den Nachbarn – es ist deren Problem, wenn sie sich über euer Seufzen und Stöhnen aufregen, es ist nicht euer Problem. Ihr hindert sie ja nicht …

Macht aus eurer Liebe eine wirklich festliche Angelegenheit, macht Liebe nicht mal-so-eben-auf-die-Schnelle. Tanzt, singt, spielt Musik – und macht den Sex nicht zur Hirnsache. Hirn-Sex ist nicht authentisch, Sex sollte spontan sein. Stellt die richtige Stimmung her: Euer Schlafzimmer sollte ein Ort so heilig wie ein Tempel sein. Macht in eurem Schlafzimmer nichts anderes; singt und tanzt und spielt, und wenn die Liebe von sich aus passiert, als etwas Spontanes, werdet ihr zu eurer großen Überraschung feststellen, dass die Biologie euch einen kleinen Einblick in Meditation gegeben hat. Und macht euch keine Sorgen um die Frau, die verrückt wird. Sie muss verrückt werden – ihr ganzer Körper ist in einem völlig anderen Zustand. Sie kann die Kontrolle nicht behalten; wenn sie ihren Körper kontrolliert, wird sie wie eine Tote daliegen. Millionen von Menschen machen Sex mit Toten.

Ich habe eine Geschichte über Kleopatra gehört, die allerschönste Frau. Als sie starb, wurde ihr Leichnam, gemäß dem alten ägyptischen Brauch, drei Tage lang nicht beerdigt. Sie wurde in diesen drei Tagen vergewaltigt – ein toter Körper! Als ich zum ersten Mal davon hörte, war ich erstaunt: Was für ein Mann muss das gewesen sein, der sie vergewaltigte?! Aber dann dachte ich, dass es vielleicht doch keine so seltsame Begebenheit war. Alle Männer haben die Frauen zu Leichen reduziert, zumindest wenn sie Liebe machen. Als die christlichen Missionare in den Osten kamen, stellte man überrascht fest, dass sie nur eine Stellung kannten: der Mann oben, weil dann der Mann mehr Bewegungsfreiheit hat, und die Frau wie eine Leiche unter ihm liegt. Der Mann oben, das ist sehr unkultiviert – die Frau ist zarter. Aber die Männer haben es deswegen vorgezogen, oben zu sein, weil sie dann die Frau unter Kontrolle behalten können. Erdrückt unter dem Tier, kann sich die Schönheit niemals entfalten. Die Frau darf noch nicht einmal die Augen aufmachen, weil das wie bei einer Prostituierten wäre. Sie muss sich ganz wie eine Dame benehmen. Diese Stellung, der Mann oben, ist als die „Missionars-Stellung" bekannt.

Eine große Revolution steht bevor in der Beziehung zwischen Mann und Frau. Überall auf der Welt sind in den hochentwickelten Ländern Institute im Entstehen, wo sie euch beibringen, wie man liebt. Es ist ein Unglück, dass sogar Tiere wissen, wie man liebt, und der Mensch es erst beigebracht bekommen muss. Und bei ihrem Unterricht ist Vorspiel und Nachspiel das Wichtigste. Dann wird Liebe zu einer so heiligen Erfahrung!

Du solltest deine Angst, mit einem Mann intim zu werden und total die Kontrolle zu verlieren, fallen lassen. Lass den Schwachkopf Angst haben – das ist seine Sache. Du solltest authentisch sein und dir selbst treu. Du belügst dich, du betrügst dich, du zerstörst dich selber.

Was macht es schon, wenn der Mann ausflippt und nackt aus dem Zimmer rennt? Mach die Tür wieder zu. Soll die ganze Nachbarschaft wissen, dass dieser Mann verrückt ist. Aber du brauchst nicht deine Möglichkeit einzuschränken, eine orgasmische Erfahrung zu haben. Die orgasmische Erfahrung ist die Erfahrung des Verschmelzens und Ineinandertauchens, der Egolosigkeit, Gedankenlosigkeit, Zeitlosigkeit. Dies mag dann deine Suche danach auslösen, einen Weg zu finden, auf dem du ohne jeden Mann, ohne jeden Partner, die Gedanken hinter dir lassen kannst, die Zeit fallen lassen kannst, und ganz aus dir heraus in eine orgasmische Freude eintreten kannst. Das nenne ich authentische Meditation ...

Mach dir keine Sorgen, genieße das ganze Spiel – geh spielerisch damit um. Wenn ein Mann ausflippt, gibt es noch Millionen anderer Männer. Du wirst eines Tages einen verrückten Kerl finden, der nicht ausflippt!

The Razor's Edge, 1987

Die Verschwörung der Männer

*Warum fällt es mir so schwer, den Wert
meiner weiblichen Eigenschaften zu erkennen?
Da ist immer noch etwas in mir, das sie als
schwach beurteilt – und mir das Gefühl gibt,
nicht überleben zu können.*

Das ist die lange Verurteilung weiblicher Eigenschaften, die den Frauen tief ins Blut und in die Knochen gedrungen ist. Es ist der Schachzug des Mannes, sich als der Frau überlegen zu beweisen – was er nicht ist.

Der Mann ist sich im Innersten der Tatsache bewusst, dass die Frau etwas hat, was er nicht hat. Es fängt damit an, dass die Frau attraktiv für ihn ist; sie sieht schön aus. Er verliebt sich in die Frau, die Frau wird fast zur Sucht für ihn – und genau da setzt das Problem ein.

Das Gefühl, von der Frau abhängig zu sein, das jeder Mann hat, lässt ihn so reagieren, dass er versucht es so hinzukriegen, dass die Frau Sklavin ist – geistig eine Sklavin. Außerdem hat er Angst, weil sie schön ist … sie erscheint nicht nur ihm schön, sondern jedem, der mit ihr in Berührung kommt. Da kommt große Eifersucht im egoistischen männlich-chauvinistischen Gemüt auf!

Er hat mit den Frauen das getan, was Machiavelli den Politikern rät – auch Ehe ist Politik. Machiavelli weist darauf hin, dass Angriff die beste Verteidigung ist, und der Mann hat sich diese Idee seit altersher zunutze gemacht, lange bevor Machiavelli sie als Grundfaktor in allen politischen Bereichen erkannte. Wo immer es irgendeine Art Herrschaft gibt, ist Angriff ganz sicher das beste Mittel zur Verteidigung.

Wenn man sich verteidigt, verliert man bereits an Boden, hat man sich schon als die geschlagene Seite akzeptiert. Man wehrt sich nur noch.

Nach Indien sind Hunderte von Invasoren gekommen – kleine Gruppen von Invasoren, aber sie haben dieses riesige Land erobert, das ein Subkontinent ist. Indien ist eine Welt in sich: Ende dieses Jahrhunderts wird jeder vierte Mensch Inder sein. Das ist ein Viertel der Menschheit.

In diesem Land gibt es religiöse Schriften wie das *Manussmriti* fünftausend Jahre alt – und sie weisen darauf hin, dass es unumgänglich ist, der Frau ab und zu eine Tracht Prügel zu geben, wenn du Frieden in deinem Hause haben willst. Man sollte sie fast gefangen halten. Und genauso hat sie gelebt – in verschiedenen Kulturen, verschiedenen Ländern, aber die Gefangenschaft ist fast die gleiche gewesen. Und weil der Mann sich als überlegen beweisen wollte ...

Vergesst nie: Immer wenn ihr etwas beweisen wollt, seid ihr genau das nicht.

Wirkliche Überlegenheit braucht keinen Beweis, keinen Beleg, keinen Zeugen, kein Argument. Eine wirkliche Überlegenheit wird von jedem, der auch nur ein bisschen Intelligenz besitzt, augenblicklich anerkannt. Die wirkliche Intelligenz hat ihre eigene magnetische Kraft.

Weil die Männer die Frau verdammten – und sie mussten sie verdammen, um sie unter Kontrolle zu halten –, machten sie fast eine untermenschliche Kategorie aus ihr. Welche

Angst ließ den Mann so tief fallen, so etwas zu tun? Denn es ist reine Paranoia ... Der Mann vergleicht ständig und findet die Frau überlegen. Wenn er zum Beispiel mit einer Frau schläft, ist der Mann sehr unterlegen, denn er kann immer nur einen Orgasmus zur Zeit haben, während die Frau mindestens ein halbes Dutzend haben kann, einen Ketten-, einen multiplen Orgasmus.

Der Mann fühlt sich einfach völlig hilflos: Er kann der Frau diese Orgasmen nicht geben. Das hat zu einem der größten Missstände auf der Welt geführt: Weil er ihr keinen multiplen Orgasmus geben kann, hat er versucht, ihr nicht einmal den ersten Orgasmus zu geben. Der Geschmack des Orgasmus kann eine Gefahr für ihn heraufbeschwören. Wenn die Frau weiß, was Orgasmus ist, muss sie zwangsläufig merken, dass ein Orgasmus nicht befriedigt – im Gegenteil, sie ist noch durstiger. Aber der Mann ist verausgabt. Das klügste Mittel also ist, die Frau nicht wissen zu lassen, dass es so etwas wie Orgasmus gibt auf der Welt.

Erst in diesem Jahrhundert haben wir anerkannt, dass es so etwas wie einen orgasmischen Zustand beim Liebesakt gibt. Kein Sex-Handbuch, keine Abhandlung über den Sex, ob im Osten oder Westen geschrieben, erwähnt das Wort „Orgasmus". Es scheint eine Verschwörung zu sein. *Vatsyayana*, der erste Mann der Geschichte, der über Sex-Energie geschrieben hat, der sie auf wissenschaftliche Weise erforscht hat, schrieb vor 5000 Jahren die erste Abhandlung über Sexologie: *Kamasutras* – Aphorismen über den Sex.

Er ist so tief wie möglich und von allen Seiten in das Phänomen eingedrungen; er hat nicht das kleinste Detail ausgelassen. Er beschreibt vierundachtzig Stellungen des Liebesaktes. Man kann es nicht verbessern, man kann keine

85. Stellung finden. Er hat erschöpfende Arbeit geleistet. Aber selbst *Vatsyayana* erwähnt den Orgasmus nicht. Das ist einfach unglaublich – dass der Mann, der den Sex so tief erforscht hat, nicht auf die Tatsache des Orgasmus gestoßen ist.

Nein, mein Gefühl ist, dass er eine Tatsache verschweigt – und irgendeine Tatsache zu verschweigen ist ein Verbrechen, weil du dem Unwahren fortzuwirken erlaubst, als wäre es die Wahrheit. Und es handelt sich nicht um eine gewöhnliche Tatsache der Chemie oder Geographie, sondern um etwas, das das Wichtigste im menschlichen Leben ist.

Die Erfahrung des Orgasmus gibt dir nicht nur den höchstmöglichen Genuss, zu dem der Körper fähig ist, er gibt dir auch die Einsicht, dass dies nicht alles ist. Er öffnet eine Tür. Er macht dir bewusst, dass du unnötig draußen gesucht hast: Der wahre Schatz ist innen.

Meditation ist ein Nebenprodukt orgasmischer Erfahrung. Meditation wurde von Menschen entdeckt, die tiefe orgasmische Erfahrungen hatten. Orgasmus bringt dich auf natürliche Weise in einen Zustand von Meditation: Die Zeit steht still, das Denken verschwindet, das Ego ist nicht mehr. Du bist reine Energie. Zum ersten Mal begreifst du, dass du nicht der Körper bist und dass du nicht das Denken bist; du bist etwas, das beides übersteigt – eine bewusste Energie.

Und sobald du in das Reich bewusster Energie eintrittst, fängst du an, die schönsten Erfahrungen des Lebens zu machen, die farbenprächtigsten, die poetischsten, die schöpferischsten. Sie geben dir Erfüllung und Befriedigung – auf der einen Seite, der Seite des Körpers, des Verstandes und der Welt. Auf der anderen Seite erzeugen sie eine ungeheure, göttliche Unzufriedenheit; denn was du erfahren hast ist großartig; aber einfach, dass du es erfahren hast, gibt dir die Gewissheit – ohne jeden Grund –, dass dir noch größere Erfahrungen bevorstehen.

Bevor du etwas vom Orgasmus wusstest, hattest du nie davon geträumt; jetzt weißt du es. Dies wird nun ein Antrieb, zu suchen und zu forschen: Gibt es irgendwo noch etwas Genussvolleres, Seligeres, Berauschenderes, als es dir nur irgendeine psychedelische Droge je bieten könnte?

Diese Suche hat den Menschen zur Meditation geführt. Es war ein einfacher Einblick in die orgasmische Erfahrung. Was passiert? Die Zeit steht still, das Denken verschwindet. Das Gefühl von „Ich" ist nicht mehr da. Es ist ein Gefühl von „Ist-heit" – rein existentiell –, aber es haftet kein Ego daran. Ich, mich, mein – das wurde alles weit zurückgelassen. Dies gibt dir den Schlüssel für Meditation: Wenn es dir gelingt, die Zeit zu transzendieren, Denken zu transzendieren, wirst du in einen orgasmischen Zustand eintreten, allein, ohne eine Frau, ohne einen Mann. Um die genaue Wahrheit zu sagen: Meditation ist nicht-sexueller Orgasmus.

Aber die halbe Menschheit hat seit Jahrhunderten keinen Orgasmus gekannt. Und weil die Frau keinen Orgasmus gekannt hat, dürft ihr nicht meinen, dass der Mann in einer besseren Lage gewesen wäre. Indem er der Frau den Orgasmus nicht gibt, muss er auch seinen eigenen Orgasmus verlieren … So hat die Frau also etwas ungeheuer Schönes verloren, etwas Heiliges auf Erden – und der Mann hat ebenfalls etwas verloren.

Der Orgasmus ist nicht das Einzige, worin die Frau stark ist. Überall auf der Welt lebt die Frau fünf Jahre länger als der Mann; ihr durchschnittliches Alter ist fünf Jahre länger als das des Mannes. Das heißt, sie hat mehr Widerstand, mehr Ausdauer. Frauen werden seltener krank als Männer.

Frauen genesen, selbst wenn sie krank sind, schneller als Männer. Dies sind wissenschaftliche Tatsachen.

Auf hundert Mädchen werden einhundertfünfzehn Jungen geboren. Man fragt sich: Warum einhundertfünfzehn? Aber die Natur weiß es besser. Wenn sie im heiratsfähigen Alter sind, werden fünfzehn Jungen gestorben sein! Nur einhundert Jungen und einhundert Mädchen werden übrig sein. Mädchen sterben nicht so leicht …

Frauen werden seltener verrückt als Männer. Auch hier ist das Verhältnis das gleiche: Männer werden zweimal so oft verrückt wie Frauen. Und trotzdem, nach all diesen wissenschaftlich erhärteten Tatsachen, hält sich der Aberglaube weiter, dass der Mann stärker ist. Nur in einem ist er stärker, und das ist, dass er einen muskulösen Körper hat; er ist ein guter körperlicher Arbeiter. Abgesehen davon empfindet er – und zwar seit Jahrhunderten – einen tiefen Minderwertigkeitskomplex.

Um diesem Komplex auszuweichen, ist das einzige Mittel, die Frau in eine unterlegene Position zu zwingen. Und das ist das Einzige, was stärker im Mann ist: Er kann die Frau zwingen. Er ist grausamer, er ist gewalttätiger, und er hat die Frau gezwungen, einen Gedanken zu akzeptieren, der völlig falsch ist: dass sie schwach sei. Und um zu beweisen, dass die Frau schwach ist, muss er alle weiblichen Eigenschaften verdammen. Er muss sagen, dass sie alle schwach sind, und alle diese Eigenschaften zusammen machen die Frau schwach.

Tatsächlich hat die Frau all die großen Eigenschaften in sich. Und immer wenn ein Mann erleuchtet wird, erlangt er die gleichen Eigenschaften, die er bei Frauen immer verdammt hat. Die Eigenschaften, die als schwach angesehen werden, sind allesamt weibliche Eigenschaften. Und es ist eine seltsame Tatsache, dass alle großen Eigenschaften zur gleichen Kategorie gehören. Was übrig bleibt, sind nur die brutalen Eigenschaften, die tierischen Eigenschaften.

Stärke hat viele Dimensionen. Liebe hat ihre eigene Stärke. Zum Beispiel ein Kind neun Monate im Schoß zu tragen, dazu gehört Stärke, Ausdauer, Liebe. Kein Mann brächte das fertig. Man könnte dem Mann eine künstliche Gebärmutter einbauen – die wissenschaftliche Entwicklung ist heute soweit, dass einem Mann eine künstliche Gebärmutter eingepflanzt werden kann –, aber ich glaube nicht, dass er neun Monate überleben könnte! Sie werden beide ins Meer springen!

Es ist schwer, einer anderen Seele Leben zu geben, einer anderen Seele einen Körper zu geben, einer anderen Seele Hirn und Verstand zu geben. Die Frau gibt, wenn sie dem Kinde gibt, von ganzem Herzen, was immer ihr möglich ist. Und selbst nachdem das Kind geboren wurde, ist es nicht einfach, Kinder zu erziehen. Es scheint die schwierigste Sache von der Welt zu sein.

Astronauten und Edmund Hillary ... diese Leute sollten erst einmal versuchen, Kinder zu erziehen. Erst dann können wir gelten lassen, dass sie etwas geleistet haben beim Besteigen des Mount Everest, ansonsten ist es unsinnig. Selbst wenn ihr den Mond bezwungen habt und auf dem Mond herumspaziert seid, spielt das keine Rolle – es beweist nicht, dass ihr stärker seid.

Ein lebendiges Kind – so unstet, so viel überschäumende Energie, dass es dich in ein paar Stunden erschöpfen wird. Neun Monate im Mutterleib, und dann ein paar Jahre ... Probier nur einmal eine Nacht mit einem kleinen Kind in deinem Bett. In dieser Nacht wird etwas in deinem Hause passieren: Entweder bringt das Kind dich um, oder du bringst das Kind um. Höchstwahrscheinlich wirst du das Kind umbringen, denn Kinder sind die unerträglichsten Geschöpfe der Welt. Sie sind so frisch und sie wollen so viele Dinge tun … und du bist todmüde. Du willst schlafen, und das Kind ist total wach. Es will alles mögliche tun und es will deinen Rat, Fragen über Fragen … Und wenn gar nichts anderes hilft, dann will es auf's Klo! Es hat Durst! Es hat Hunger, mitten in der Nacht …

Ich glaube nicht, dass es irgendeinen Mann gibt, der eine Schwangerschaft haben könnte oder der Kinder erziehen könnte. Das ist die Stärke der Frau. Aber es ist eine andere Stärke. Es gibt eine Stärke, die destruktiv ist, und es gibt eine andere Stärke, die kreativ ist. Es gibt eine Stärke, die aus Hass besteht, und es gibt eine Stärke, die aus Liebe besteht.

Liebe, Vertrauen, Schönheit, Aufrichtigkeit, Wahrhaftigkeit, Authentizität – dies sind alles weibliche Eigenschaften, und sie sind weit größer als irgendwelche Eigenschaften, die der Mann hat.

Aber die gesamte Vergangenheit ist vom Mann und seinen Eigenschaften beherrscht worden. Natürlich, im Krieg ist die Liebe nutzlos, ist die Wahrheit nutzlos, ist die Schönheit nutzlos, ist ästhetische Sensibilität nutzlos. Im Krieg brauchst du ein Herz, dass steiniger ist als Steine. Im Krieg brauchst du einfach Hass, Wut, Zerstörungswahn. In dreitausend Jahren hat der Mann fünftausend Kriege geführt. Ja, auch das ist Stärke, aber keines menschlichen Wesens würdig. Es ist eine Stärke, die sich aus unserem animalischen Erbe herleitet. Sie gehört der Vergangenheit an, und die ist vorbei.

Die weiblichen Eigenschaften gehören der Zukunft an, und die kommt jetzt. Es besteht kein Anlass, dich aufgrund deiner weiblichen Eigenschaften schwach zu fühlen.

Du solltest der Existenz dankbar sein, dass das, was der Mann sich verdienen muss, dir von der Natur zum Geschenk gemacht wurde.

Der Mann muss lernen, wie man liebt. Der Mann muss lernen, zuzulassen, dass das Herz der Herr ist und der Verstand nur ein dienstbarer Knecht. Der Mann muss diese Dinge erst lernen – die Frau bringt diese Dinge schon mit. Aber wir verdammen all diese Dinge als Schwächen. Selbst wenn ihr bestimmte Frauen zu großen einzigartigen Wesen erkoren habt, kann man sehen, dass ihr einen Mann erkoren habt – denn worauf es euch in dieser Frau ankam, waren die Eigenschaften des Mannes.

Zum Beispiel hatte Johanna von Orleans alle Eigenschaften des Mannes. Die Königin von Jhansi in Indien hatte alle Eigenschaften des Mannes, sie konnte mit dem nackten Schwert kämpfen, konnte Menschen ohne Schwierigkeiten töten. Solche Frauen sind in der Geschichte auserkoren worden, und viel Ehre wurde ihnen von den Historikern zuteil. Aber sie repräsentieren nicht die Frauen. Vielmehr ist dies der Grund, warum sie auserkoren wurden: Sie sind nichts als Gipsabgüsse von Männern.

Die Frauenbewegung muss das eine Grundsätzliche lernen: nämlich nicht den Mann nachzuahmen und nicht darauf zu hören, was er über die weiblichen Eigenschaften, die weibliche Persönlichkeit sagt. Lasst alle Vorstellungen des Mannes fallen, die er euch in den Kopf gesetzt hat.

Und lasst ebenfalls eure Vorstellungen über die Frauenbefreiung fallen, denn auch sie setzten euch Unsinn in den Kopf. Ihr Unsinn ist, beweisen zu wollen, dass Männer und Frauen gleich sind. Sie sind es nicht, und wenn ich sage, dass sie es nicht sind, meine ich damit nicht, dass der eine höher und der andere tiefer steht. Ich meine damit, dass sie einmalig sind.

Frauen sind Frauen, und Männer sind Männer, ein Vergleich kommt nicht in Frage. Gleichheit ist ausgeschlossen. Sie sind nicht ungleich, und sie können auch nicht gleich sein – sie sind einmalig.

Freut euch an euren weiblichen Eigenschaften, besingt eure weiblichen Eigenschaften: Das ist euer großes Erbe der Natur. Werft sie nicht fort, bloß weil der Mann sie nicht hat!

Ich möchte, dass die ganze Welt erfüllt ist von weiblichen Eigenschaften. Nur dann können Kriege verschwinden. Nur dann kann die Ehe verschwinden. Nur dann können Nationen verschwinden. Nur dann können wir eine Welt haben – eine liebevolle, eine friedliche, eine stille und schöne Welt.

Lasst also all die Konditionierungen fallen, die euch der Mann gegeben hat. Findet eure persönlichen Eigenschaften heraus und entwickelt sie. Ihr dürft den Mann nicht nachahmen, noch darf der Mann euch nachahmen. Es ist kein Konflikt zwischen euch nötig, denn ihr seid Mann und Frau zugleich, gleichzeitig.

Statt also einen Konflikt zu schaffen, ist es meine ganze Arbeit, euch den Weg zu zeigen, wie ihr aus all euren Eigenschaften zusammen ein Orchester gestalten könnt. Das wird eure Ganzheit als Mensch ausmachen.

Sermons in Stones, Band I, 1987

Dein männlicher Chauvinismus ist verletzend!

Ich hasse Frauen.
Warum bringst du Frauen auf den Weg des Tao?

Die Frau ist das, was der Mann aus ihr gemacht hat. Es ist ein Teufelskreis. Frauen haben genauso viel Intelligenz wie irgendein Mann, denn Intelligenz hat nichts mit Sexualhormonen zu tun. Meinst du, Albert Einstein würde, wenn man ihn durch eine Operation in eine Frau verwandelte, seine Intelligenz verlieren? Er wäre immer noch Albert Einstein, nur in einem Frauenkörper. Der Unterschied besteht nur im Körperlichen. Es ist kein Unterschied der Intelligenz.

Aber dummerweise hat der Mann beschlossen, die Frau zu unterdrücken. Seit eh und je ist es Historikern nicht klar, warum es so kommen musste. Doch die jüngste psychologische Forschung macht sehr deutlich, warum es dazu kam: Es kam dazu, weil sich der Mann im Vergleich mit der Frau abgrundtief minderwertig fühlt.

Und die eigentliche Wurzel dieses Gefühls liegt in der Fähigkeit der Frau, Mutter zu werden. Sie ist die Quelle des Lebens, sie erschafft Leben. Der Mann ist dazu nicht fähig. Das wurde zum Grund dafür, allen Frauen die Flügel zu stutzen, die Flügel der Freiheit und der Bildung, und sie in ein kerkerartiges Zuhause einzusperren und sie zu einer bloßen Reproduktionsfabrik zu reduzieren, sodass er vergessen kann, dass er ihr unterlegen ist.

Die Frau musste unterlegen gemacht werden, damit der Mann sich wohlfühlen konnte, damit sein Ego das Gefühl haben konnte, dass es jetzt überhaupt keinen Konkurrenzkampf mehr mit den Frauen gibt.

Die Frau ist nicht schuld an all ihrer Giftigkeit.

Ihr habt sie jahrtausendelang gequält.

Keine Gesellschaft der Welt hat sie als dem Mann gleichwertig akzeptiert. Keine Kultur der Vergangenheit hat der Frau den gleichen Respekt erwiesen, den sie dem Mann erweist; im Gegenteil, sie alle haben versucht, sie in eine untermenschliche Existenz zu zwängen.

Und der Grund, warum die Frau nicht gegen solche Dinge revoltierte, ist einfach: wieder die gleiche Mutterschaft. Neun Monate lang, wenn sie schwanger ist, wird sie vollkommen abhängig – besonders in einer Gesellschaft, die vom Jagen lebte. Und nebenbei bemerkt: Ich möchte gerne, dass ihr bedenkt, dass die Gesellschaft, in der ihr jetzt lebt – in der es Häuser gibt, Städte gibt – ein Beitrag der Frauen ist, nicht der Männer. Das Haus ist der Beitrag der Frau.

Der Mann ging auf die Jagd. Die Frau war auf einen kleinen Raum beschränkt; natürlich fing sie an, ihn zu schmücken, ihn zu säubern, ihn schön und wohnlich zu gestalten – und sie fing an, daran zu hängen. In einer Jägergesellschaft mussten die Nomaden laufend den Standort wechseln ... denn wenn die Jagd ihnen nicht genug Nahrung verschaffte, mussten sie weiterziehen, dorthin, wo es Tiere mehr gab. Sie konnten keine festen Städte haben; sie konnten nur Zelte haben, keine Häuser.

Und ihr könnt es sehen: Wenn ein Mann alleine lebt, ist sein Haus fast wie ein Zelt, es ist nicht wie ein Haus. Ohne eine Frau bleibt es ein Zelt, ein Platz auf Zeit – einfach nur ein Dach über dem Kopf, nichts Heiliges daran. Sobald die Frau ins Spiel kommt, verwandelt sich das Zelt allmählich in ein Haus und schließlich in ein Zuhause.

In Jägergesellschaften bestand die Funktion der Frau in reiner Reproduktion; sie war ständig schwanger. Das wurde ihr zum Missgeschick: Sie konnte nicht kämpfen, sie konnte nicht rebellieren, sie musste sich unterordnen, sie musste sich fügen – natürlich unwillig. Niemand wird bereitwillig zum Sklaven. Wenn jemand bereitwillig zum Sklaven wird, gibt es kein Problem. Aber Millionen von Frauen sind gegen ihren Willen gezwungen worden, Sklavinnen zu werden. Natürlich versuchen sie dann, sich auf indirekte Weise zu rächen.

> **Dummerweise hat der Mann beschlossen,**
> **die Frau zu unterdrücken.**
> **Seit eh und je ist es Historikern nicht klar,**
> **warum es so kommen musste.**
> **Doch die jüngste psychologische Forschung**
> **macht sehr deutlich, warum es dazu kam:**
> **Es kam dazu,**
> **weil sich der Mann im Vergleich mit der Frau**
> **abgrundtief minderwertig fühlt.**

Dein männlicher Chauvinismus ist verletzend. Es ist einfach eine unbewusste Reaktion, und du musst dir diese Reaktion bewusst machen, damit sie verschwinden kann. Sie ist deiner unwürdig. Sie lässt auf dich selber schließen, nicht auf die Frau; es ist deine Wut, es ist dein Hass. Wenn du dir die Geschichte anschaust …

In vielen Dörfern darf die Frau die Tempel nicht betreten. In einigen Religionen darf sie hinein, hat aber eine abgetrennte Ecke für sich – nicht den gleichen Raum wie die Männer. In keiner Religion kommt die Frau als Kandidatin für die höchste Bewusstseinsentfaltung infrage. Sie ist unwürdig – nur aus dem einen Grund, dass sie eine Frau ist; ihr Verbrechen ist es, eine Frau zu sein. Und sie kann sich zwar höher entwickeln, aber dazu muss sie erst eine Bedingung erfüllen: Sie hat als Mann wiedergeboren zu werden!

Dies sind subtile Methoden der Erniedrigung, der Isolierung der Frauen von der Welt der Macht, von den Bereichen, wo sich alles abspielt. Die Frau nimmt nicht daran teil. Sie spielt keine Rolle in euren Kriegen, sie spielt keine Rolle in euren Religionen. Die Gesellschaft ist von Männern gemacht. Frauen leben in einer Gesellschaft, die nicht für sie gemacht ist, nicht von ihnen gemacht ist, die sie überhaupt nicht im Geringsten berücksichtigt hat.

Deine Wut auf Frauen lohnt, verstanden zu werden. Vielleicht ist es in Wirklichkeit deine Wut auf dich selbst, deine Wut auf Männer; darauf, was Männer den Frauen angetan haben. Die Frauen waren die Opfer. Du kannst nicht wütend auf sie sein. Zuhause ist der Ehemann das Opfer, und man kann ohne zu zögern behaupten, dass jeder Ehemann ein Pantoffelheld ist. Tatsächlich muss jeder intelligente Ehemann zwangsläufig einer sein – nur ein Dummkopf ist vielleicht keiner. Aber das ist der Preis, den jeder Mann für das zu zahlen hat, was die Gesamtheit der Männer der Gesamtheit der Frauen seit Jahrtausenden angetan hat.

Wenn du von deiner Wut auf Frauen freikommen willst, musst du dich einem sehr gründlichen inneren Frühjahrsputz unterziehen und erkennen, dass die Frau das Opfer ist.

Und weil sie das Opfer ist und keine direkte Möglichkeit hat, Widerstand zu leisten, zu kämpfen, findet sie indirekte Wege: im Nörgeln, im Schreien, im Toben. Das sind einfach hoffnungslose Bemühungen. Und natürlich konzentriert sich ihre Wut gegen alle Männer auf einen einzigen Mann, den Ehemann.

Die Freiheit der Frauen wird auch die Freiheit der Männer sein. An dem Tag, da die Frau als gleichwertig akzeptiert wird, da ihr gleiche Wachstumschancen gegeben werden, wird der Mann sich plötzlich von der Giftigkeit befreit finden, die er sonst immer bei den Frauen gespürt hat. Es ist Zeit. Der Mann ist zu einer gewissen Reife gelangt.

Wir können gemeinsam eine Welt schaffen, in der Männer und Frauen ihre Einsichten miteinander teilen, ihre Visionen, ihre Träume. Weil sie verschieden sind, sind auch ihre Träume verschieden, wird auch ihr Beitrag zur Gesellschaft verschieden sein. Und wenn eine Gesellschaft geschaffen werden kann, an der Männer und Frauen gleichermaßen mitgewirkt haben, dann wird dies die erste wirklich reiche Gesellschaft der Welt sein.

Sermons in Stones, Band I, 1987

Niemand will benutzt werden

*Warum mögen Frauen es, für Männer attraktiv
zu sein, wenn sie doch gleichzeitig etwas
gegen die sexuellen Wünsche der Männer haben?*

Dahinter steckt eine politische Strategie. Frauen sind gern attraktiv, weil es Macht verleiht; je attraktiver sie sind, desto mehr Macht haben sie über Männer. Und wer möchte nicht mächtig sein?

Ihr ganzes Leben kämpfen die Leute darum, mächtig zu sein. Warum wünschst du dir Geld? – es bringt dir Macht. Warum willst du der Premierminister oder Präsident eines Landes werden? – es bringt dir Macht. Warum willst du ein Heiliger werden? – es bringt Macht. Die Leute suchen auf verschiedenen Wegen nach Macht. Ihr habt den Frauen keine anderen Quellen gelassen, mächtig zu sein, nur ein Ventil: ihren Körper. Das ist der Grund, warum sie immer darauf bedacht sind, noch attraktiver zu werden.

Ist euch noch nicht aufgefallen, dass es der modernen Frau nicht mehr so wichtig ist, attraktiv zu sein? Warum? – weil sie jetzt dabei ist, in andere Bereiche der Machtpolitik einzudringen. Die moderne Frau schüttelt ihre alten Ketten ab. An den Universitäten wetteifert sie mit dem Mann um die Auszeichnungen; sie konkurriert auf dem Marktplatz; sie konkurriert in der Politik. Sie braucht sich nicht mehr so sehr darum zu kümmern, attraktiv auszusehen. Den Mann hat es nie besonders gekümmert, attraktiv auszusehen. Warum? Man überließ das vollkommen den Frauen. Für die Frauen war es die einzige Quelle, zu etwas zu kommen. Und für den Mann gab es so viele andere Quellen, dass es ein bisschen weichlich und weibisch wirkte, attraktiv auszusehen. Das ist Frauensache!

Das war nicht immer so. Es gab einmal eine Zeit, als Frauen genauso frei waren wie Männer. Damals waren die Männer ebenso sehr darauf bedacht, attraktiv zu sein wie die Frauen. Schaut euch Krishna an, sein Bild – mit schönen Seidenkleidern, mit einer Flöte, mit allem möglichen Schmuck, Ohrringen, mit einer herrlichen Krone aus Pfauenfedern. Schaut ihn euch an – wie schön er aussieht! Das waren die Zeiten, als Männer und Frauen die absolute Freiheit hatten, zu tun, was immer sie wollten.

Danach kam eine lange, lange dunkle Epoche, in der die Frauen unterdrückt wurden. Das lag an den Priestern und euren sogenannten Heiligen. Eure Heiligen haben immer Angst vor Frauen gehabt, weil die Frau Macht genug zu haben scheint, die Heiligkeit des Heiligen in einigen wenigen Minuten zunichte zu machen. Es lag an euren Heiligen, dass die Frauen verdammt wurden. Sie hatten Angst vor Frauen: Frauen muss man unterdrücken. Und weil die Frauen unterdrückt wurden, nahm man ihnen jede Möglichkeit, im Leben zu wetteifern, im Strom des Lebens mitzuschwimmen.

Danach blieb ihnen nur noch eines: ihr Körper. Und wer möchte nicht mächtig sein? Bevor man nicht versteht, dass Macht nur Elend bringt, ist Macht destruktiv, gewalttätig; bevor dein Verlangen nach Macht nicht aus Einsicht verschwindet, wer möchte da nicht mächtig sein?

Die Frau behält ihre Macht nur dann, wenn sie dir immerzu wie eine reife Frucht vor der Nase baumelt – immer erreichbar und nie zu kriegen, so nah und doch so fern! Nur dann hat sie Macht. Wenn sie dir sofort in den Schoß fällt, ist alle Macht hin. Und wenn du erst ihre Sexualität ausgebeutet, wenn du sie erst einmal benutzt hast, dann ist sie erledigt, dann hat sie keine Macht mehr über dich. Deshalb zieht sie dich an und hält zugleich auf Abstand. Sie zieht dich an, sie reizt dich, sie verführt dich, und wenn du ihr nahekommst, sagt sie einfach Nein!

Nun, das ist einfache Logik. Wenn sie Ja sagt, reduzierst du sie auf eine Maschine, du benutzt sie. Und niemand will benutzt werden. Das ist die Kehrseite genau dieser Machtpolitik. Macht ist die Möglichkeit, den anderen zu benutzen, und wenn dich jemand benutzt, ist deine Macht hin; du bist zur Ohnmacht verdammt.

Keine Frau will also benutzt werden. Und genau das habt ihr jahrhundertelang getan. Liebe ist zu etwas Hässlichem geworden. Sie sollte das Herrlichste überhaupt sein, aber sie ist es nicht – weil der Mann die Frau benutzt hat und die Frau es ihm verübelt und sich dagegen wehrt, natürlich. Sie will nicht zum Gebrauchsgegenstand gemacht werden.

Deswegen beobachtet ihr, wie Ehemänner um ihre Frauen herumschwänzeln und ihre Frauen so tun, als stünden sie über all diesem Unsinn – sie sind darüber erhaben. Die Frauen tun immer so, als hätten sie kein Interesse am Sex, am schmutzigen Sex. Sie haben genauso viel Interesse daran wie du, aber das Problem ist, dass sie ihr Interesse nicht zeigen dürfen, sonst reduzierst du sie nämlich sofort auf Machtlosigkeit; du fängst an, sie zu benutzen. Und so sind sie an allem anderen interessiert – daran, sehr verführerisch für dich zu sein und dich dann zurückzuweisen. Das ist die Lust der Macht: dich anzuziehen – und du wirst fast so gezogen, als würdest du an Fäden gezogen – und dir dann Nein zu sagen, dich auf völlige Machtlosigkeit zu reduzieren. Und du wedelst mit dem Schwanz wie ein Hund – die Frau genießt es. Das ist ein hässlicher Zustand. So sollte es nicht sein. Es ist ein hässlicher Zustand, weil Liebe zu Machtpolitik erniedrigt worden ist. Das muss sich ändern.

Wir müssen eine neue Menschheit und eine neue Welt schaffen, in der Liebe überhaupt keine Frage der Macht mehr ist. Lasst wenigstens die Liebe aus der Machtpolitik heraus. Lasst das Geld dort; lasst die Politiker dort, lasst alles andere dort, aber haltet die Liebe heraus. Liebe ist etwas ungeheuer Wertvolles; macht sie nicht zu einer Sache des Marktplatzes. Aber genau das ist passiert. Die Frau tut alles, um schön zu sein – zumindest um schön auszusehen. Und wenn du erst einmal in die Falle ihrer Verlockungen gegangen bist, läuft sie vor dir davon; denn das ist das ganze Spiel. Wenn du vor ihr davonläufst, kommt sie wieder näher heran, fängt an, dir nachzulaufen. Sobald du anfängst ihr nachzulaufen, sucht sie wieder das Weite. So läuft das Spiel! Das ist keine Liebe, das ist unmenschlich. Aber genau das passiert und passiert seit Jahrhunderten. Hütet euch davor.

Zumindest in meiner Kommune muss das aufhören. Jeder Mensch hat eine ungeheure Würde, und kein Mensch darf je zu einem Gebrauchsgegenstand, zu einer Sache herabgewürdigt werden. Achtet die Männer, achtet die Frauen – sie alle sind göttlich. Und vergesst die alte Vorstellung, dass es der Mann ist, der mit der Frau schläft – das ist so dumm. Das vermittelt den Eindruck, als wäre der Mann der Macher, und die Frau einfach nur ein Ding, mit dem man etwas macht.

Selbst in der Sprache „macht" der Mann die Liebe, ist der Mann der aktive Partner; die Frau ist einfach nur da als passive Empfänglichkeit. Das stimmt nicht.

Beide machen sie Liebe miteinander, beide sind „Macher", beide sind beteiligt – die Frau auf ihre Art. Empfänglichkeit ist ihre Art, teilzunehmen, aber es ist ebenso sehr Teilnahme wie die des Mannes. Und glaube nicht, dass nur du etwas mit der Frau „machst"; sie macht auch etwas mit dir. Ihr macht beide etwas ungeheuer Wertvolles miteinander: Ihr bringt euch dem anderen dar; ihr teilt eure Energien miteinander. Ihr bringt einander im Tempel der Liebe dar, im Tempel des Gottes der Liebe. Es ist der Gott der Liebe, der Besitz von euch beiden ergriffen hat. Es ist ein sehr heiliger Moment. Ihr bewegt euch auf heiligem Boden. Und dadurch wird das Verhalten der Menschen eine vollkommen andere Qualität bekommen.

Es ist gut, schön zu sein, es ist hässlich, schön zu erscheinen. Es ist gut, attraktiv zu sein, aber es ist hässlich, Attraktivität zu manipulieren. Diese Manipulation ist Berechnung. Menschen sind von Natur aus schön, Schminke ist überflüssig. Alles Geschminkte ist hässlich, es macht dich immer hässlicher. Die Schönheit liegt im Schlichten, im Unschuldigen, im Natürlichen, im Spontanen. Und wenn du schön bist, dann benutze diese Schönheit nicht zu Machtpolitik, sonst entweihst du sie, sonst ist es ein Sakrileg.

Schönheit ist ein Geschenk Gottes. Verschenke sie, aber nutze sie auf keinen Fall dazu, um zu herrschen, den anderen zu besitzen. Dann wird deine Liebe zum Gebet werden, und deine Schönheit zum Dankopfer an Gott.

Philosophia Perensis, Band II, 1981

Ohne Freiheit stirbt die Liebe

*Ist es möglich, verheiratet und gleichzeitig
frei zu sein?*

Es ist schwierig, aber nicht unmöglich. Es gehört nur ein kleines bisschen Verständnis dazu. Ein paar grundlegende Wahrheiten müssen erkannt werden.

Die erste ist, dass niemand für einen anderen geboren wird. Die zweite ist, dass kein Mensch dazu da ist, deine Idealvorstellungen davon zu erfüllen, wie er sein sollte. Die dritte ist, dass du der Meister deiner eigenen Liebe bist und dass du so viel geben kannst wie du möchtest – aber du kannst vom anderen keine Liebe verlangen; denn niemand ist ein Sklave. Wenn diese einfachen Tatsachen klar sind, dann spielt es keine Rolle, ob du verheiratet bist oder nicht; ihr könnt zusammen sein, euch gegenseitig Raum geben und braucht nie an die individuelle Freiheit des anderen zu rühren.

Tatsächlich ist die Ehe eine veraltete Institution. Zunächst einmal ist es nicht gut, innerhalb irgendeiner Institution zu leben. Jede Institution ist destruktiv. Die Ehe hat für Millionen Menschen nahezu jede Möglichkeit zum Glück zerstört – und das wegen lauter Sinnlosigkeiten. Die Ehe – das ganze Ritual der Ehe – ist von vornherein ein Schwindel. Wenn du die Ehe nicht ernst nimmst, dann kannst du frei sein. Wenn du sie ernst nimmst, dann ist Freiheit unmöglich. Nimm die Ehe nur als Spiel – sie ist ein Spiel. Hab ein bisschen Sinn für Humor: Nimm sie als eine Rolle, die du auf der Bühne des Lebens spielst; und nicht als etwas, das zur Existenz gehört oder irgendwie Realität hat – sie ist eine Fiktion. Aber die Menschen sind so dumm, dass sie sogar anfangen, Fiktion mit Realität zu verwechseln.

> Und Liebe und Freiheit gehören zusammen –
> du kannst nicht eines davon wählen
> und das andere links liegen lassen.
> Ein Mensch, der Freiheit kennt, ist voll von Liebe,
> und ein Mensch, der Liebe kennt,
> ist immer dazu bereit, Freiheit zu geben.
> Wenn du dem, den du liebst,
> keine Freiheit geben kannst,
> wem kannst du dann Freiheit geben?
> Freiheit zu geben, heißt nichts als zu vertrauen.
> Freiheit ist ein Ausdruck der Liebe.

Ich habe Menschen gesehen, die mit Tränen in den Augen Romane lesen, weil im Roman alles so tragisch verläuft. Es ist eine ausgezeichnete Sitte, dass in den Kinos das Licht ausgeschaltet wird: Auf diese Weise kann jeder den Film genießen, kann lachen, weinen, traurig sein, glücklich sein. Bei Licht wäre das etwas schwierig, was sollen die anderen denken? Und sie wissen ganz genau, dass die Leinwand leer ist – da ist niemand; es ist nur ein projiziertes Bild. Aber sie vergessen das völlig. Und dasselbe ist mit unserem Leben passiert. Vieles, was einfach mit Humor genommen werden sollte, nehmen wir so ernst – und mit diesem Ernst fangen unsere Probleme an.

Zunächst einmal, warum solltest du dich verheiraten? Du liebst jemanden, lebst mit jemandem – das gehört zu deinen Grundrechten. Du darfst mit jemandem leben, du darfst jemanden lieben.

Ehen werden nicht im Himmel geschlossen. Das passiert hier auf Erden, durch gerissene Priester. Aber wenn du das Spiel der Gesellschaft mitmachen möchtest und nicht allein und abseits stehen möchtest, dann mach' deiner Ehefrau oder deinem Ehemann klar, dass diese Ehe nur ein Spiel ist: „Nimm sie niemals ernst. Ich werde genauso unabhängig bleiben, wie ich es vor der Ehe war, und du wirst genauso unabhängig bleiben, wie du es vor der Ehe warst. Weder werde ich mich in dein Leben einmischen, noch wirst du dich in mein Leben einmischen: Wir werden als zwei Freunde zusammenleben, unsere Freuden teilen, unsere Freiheit teilen – aber uns nicht gegenseitig zur Last werden. Und wenn wir irgendwann spüren, dass der Frühling vorbei ist, dass die Flitterwochen vorbei sind, werden wir ehrlich genug sein, nicht weiter so zu tun als ob, sondern zueinander sagen, dass wir uns sehr geliebt haben – und einander ewig dankbar sein werden; und dass uns die Tage unserer Liebe bis in unsere Erinnerungen, in unsere Träume hinein als goldene Tage verfolgen werden – aber dass der Frühling vorbei ist. Unsere Wege sind an einem Punkt angelangt, wo wir, auch wenn es traurig ist, uns trennen müssen, denn nun wäre ein Zusammenleben kein Zeichen der Liebe mehr. Wenn ich dich liebe, werde ich dich in dem Augenblick verlassen, wo ich sehe, dass meine Liebe für dich ein Unglück geworden ist. Wenn du mich liebst, wirst du mich in dem Moment verlassen, wo du siehst, dass deine Liebe für mich zu einem Gefängnis wird."

Liebe ist der höchste Wert im Leben.

Sie sollte nicht zu dummen Ritualen erniedrigt werden.

Und Liebe und Freiheit gehören zusammen – du kannst nicht eines davon wählen und das andere links liegen lassen. Ein Mensch, der Freiheit kennt, ist voll von Liebe, und ein Mensch, der Liebe kennt, ist immer dazu bereit, Freiheit zu geben. Wenn du dem, den du liebst, keine Freiheit geben kannst, wem kannst du dann Freiheit geben? Freiheit zu geben, heißt nichts als zu vertrauen.

Freiheit ist ein Ausdruck der Liebe.

Ob du nun verheiratet bist oder nicht, sei dir also bewusst, dass jede Ehe ein Schwindel ist – nur gesellschaftliches Öl im Getriebe. Ihr Ziel darf nicht sein, euch einzusperren und euch aneinander zu binden; ihr Ziel ist, euch zu helfen, miteinander zu wachsen. Aber Wachstum braucht Freiheit; und in der Vergangenheit haben alle Kulturen vergessen, dass ohne Freiheit die Liebe stirbt.

The Rebellious Spirit, 1987

Nur eine Sache lässt sich besitzen

Bitte sprich über das Mutterwerden.

Mutter zu werden ist eine der größten Verantwortungen im Leben. So viele Menschen sind auf der Couch des Psychiaters, so viele Menschen sind in den Irrenhäusern, und so viele Irre sind außerhalb der Irrenhäuser! Wenn ihr tief in die Neurose der Menschheit hineinschaut, werdet ihr immer die Mutter finden; denn so viele Frauen möchten Mutter sein, wissen aber nicht, wie man eine ist. Wenn erst einmal die Beziehung zwischen Mutter und Kind schiefgeht, geht das ganze Leben des Kindes schief, denn die Mutter ist sein erster Kontakt mit der Welt, seine erste Beziehung. Alles Weitere ist eine Fortführung davon. Und wenn der erste Schritt schiefgeht, geht das ganze Leben schief.

Man sollte wissen, was man tut, wenn man Mutter wird. Du übernimmst eine der größten Verantwortungen, die ein menschliches Wesen übernehmen kann. Die Männer sind in dieser Hinsicht etwas freier, denn sie können die Verantwortung, Mutter zu werden, nicht übernehmen. Die Frauen haben mehr Verantwortung. Werde also Mutter, aber nimm nicht selbstverständlich an, dass man allein deshalb, weil man eine Frau ist, auch notwendig eine Mutter ist – das ist ein Trugschluss. Mutterschaft ist eine große Kunst, du musst sie lernen. Fang also an, sie zu erlernen!

Ein paar Dinge möchte ich dir sagen.

Erstens, behandle dein Kind nie so, als wäre es dein Eigentum; besitze das Kind niemals. Das Kind kommt durch dich, aber es gehört dir nicht. Gott hat dich nur als ein Vehikel, als ein Medium benutzt. Aber das Kind ist nicht dein Eigentum. Liebe das Kind, aber besitze es nie. Wenn die Mutter anfängt Besitz von dem Kind zu ergreifen, ist sein Leben zerstört. Das Kind beginnt, ein Gefangener zu werden. Du zerstörst seine Persönlichkeit und du reduzierst es auf eine Sache. Nur eine Sache kann man besitzen, ein Haus kann man besitzen, ein Auto kann man besitzen – eine Person niemals. Dies ist also die erste Lektion. Stelle dich darauf ein. Bevor das Kind kommt, solltest du fähig sein, es als ein unabhängiges Wesen zu begrüßen, als eine Person für sich, nicht einfach nur als dein Kind.

Und das Zweite: Behandle das Kind genau so, wie du einen Erwachsenen behandeln würdest.

Behandle das Kind niemals wie ein Kind. Behandle das Kind mit tiefem Respekt. Gott hat dich dazu bestimmt, Gastgeber zu sein. Gott ist eingetreten in dein Wesen als ein Gast. Das Kind ist sehr zart, hilflos. Es ist sehr schwer, das Kind zu respektieren. Es ist sehr leicht, das Kind zu demütigen. Eine Demütigung passiert sehr leicht, denn das Kind ist hilflos und kann nichts machen, es kann sich nicht wehren, es kann nicht reagieren.

Behandle das Kind als Erwachsenen und mit großem Respekt. Wenn du das Kind erst einmal respektierst, versuchst du nicht, dem Kind deine Vorstellungen aufzuzwingen. Du machst keinen Versuch, dem Kind irgendetwas aufzuzwingen. Du gibst ihm einfach die Freiheit – Freiheit, die Welt zu erforschen. Du hilfst ihm, im Erforschen der Welt immer stärker zu werden, aber du gibst ihm niemals Anweisungen. Du gibst ihm Energie, du gibst ihm Schutz, du gibst ihm Sicherheit – alles was es braucht –, doch du hilfst ihm, sich immer weiter von dir zu entfernen, um die Welt zu erforschen. Und natürlich schließt die Freiheit auch den Irrtum ein. Es ist für eine Mutter sehr schwer einzusehen, dass, wenn du einem Kind Freiheit gibst, es nicht nur die Freiheit ist, Gutes zu tun, sondern auch zwangsläufig die Freiheit, Schlechtes zu tun, falsch zu handeln. Mach also das Kind wachsam, intelligent, aber gib ihm nie irgendwelche Gebote – niemand hält sich an sie, und die Leute werden zu Heuchlern. Wenn du das Kind also wirklich liebst, denke immer an dies eine: Nie und nimmer hilf ihm in irgendeiner Weise oder zwinge es in irgendeiner Weise, ein Heuchler zu werden!

Und das Dritte: Höre nicht auf die Moral, höre nicht auf die Religion, höre nicht auf die Kultur – höre auf die Natur. Alles Natürliche ist gut, auch wenn es dir manchmal schwerfällt, wenn es auch manchmal sehr unbequem ist … denn du bist nicht gemäß der Natur erzogen worden. Deine Eltern haben dich nicht mit wirklicher Kunst und Liebe erzogen. Es war nur etwas Zufälliges. Wiederhole nicht dieselben Fehler. Viele Male wirst du dich sehr unbehaglich fühlen …

Zum Beispiel: Ein kleines Kind beginnt, mit seinen Sexualorganen zu spielen. Die normale Reaktion der Mutter ist, das Kind daran zu hindern, denn ihr ist beigebracht worden, dass das falsch ist. Sogar wenn sie das Gefühl hat, dass daran nichts falsch ist, fühlt sie sich ein bisschen verlegen, wenn jemand dabei ist. Fühle dich verlegen! Das ist dein Problem; das hat nichts mit dem Kind zu tun. Fühle dich verlegen! Auch wenn du dein Ansehen in der Gesellschaft verlierst, verlier es – aber störe das Kind nicht. Lass der Natur ihren eigenen Lauf. Du bist dazu da, all das möglich zu machen, was die Natur entfalten will. Du darfst die Natur nicht lenken, du darfst ihr nur Hilfestellung geben.

Diese drei Dinge also ... und fang an zu meditieren. Bevor das Kind geboren wird, solltest du so tief wie möglich in Meditation gehen. Wenn das Kind in deinem Schoß ist, überträgt sich alles, was du tust, ständig als eine Schwingung auf das Kind. Wenn du wütend bist, verspannt sich dein Bauch durch diese Wut. Das Kind spürt das sofort. Wenn du traurig bist, fühlt sich auch dein Bauch traurig an. Das Kind fühlt sich sofort lustlos, deprimiert.

Das Kind ist völlig von dir abhängig. Wie immer deine Stimmung ist, so ist die Stimmung des Kindes. Das Kind hat jetzt noch keine Unabhängigkeit, deine Verfassung ist seine Verfassung. Also kein Kämpfen mehr, kein Ärger mehr. Deshalb sage ich, dass das Muttersein eine große Verantwortung ist. Du wirst auf vieles verzichten müssen. Wenn von Anfang an Wut, Hass, Konflikte in das Gemüt des Kindes eindringen, dann bereitest du ihm die Hölle; es wird leiden. Dann ist es besser, kein Kind auf die Welt zu bringen. Warum ein Kind ins Unglück stürzen? Die Welt ist ungeheures Leiden.

Zum einen ist es schon riskant genug, ein Kind auf diese Welt zu bringen. Aber selbst wenn du es trotzdem möchtest, bring wenigstens ein Kind, das total anders auf dieser Welt sein wird, das nicht unglücklich sein wird, das wenigstens der Welt helfen wird, ein bisschen mehr zu feiern. Es wird etwas mehr Festlichkeit in die Welt bringen ... etwas mehr Lachen, Liebe, Leben.

God is not for Sale, 1978

Liebe ist wie ein Vogel im Flug

*In den dreiundsechzig Jahren meines Lebens
bist du die erste Liebesbeziehung, die mich
unabhängig gemacht hat. Wie ist das passiert?*

Liebe bringt Freiheit. Und eine Liebe, die keine Freiheit bringt, ist keine Liebe. Liebe ist nicht Herrschaft. Wie kannst du jemanden beherrschen, den du liebst? Wie kannst du ihn abhängig machen und immer noch liebevoll sein? Aber das ist es, was auf der ganzen Welt im Namen der Liebe ständig passiert.

Dabei ist es etwas ganz anderes – eine Lust auf Macht, auf die Beherrschung des anderen. Natürlich kann Unabhängigkeit nicht zugelassen werden. Man unternimmt jede Anstrengung, den anderen zu einem genauen Abbild von sich selbst zu machen. Du hast Angst vor der Freiheit des anderen, denn Freiheit ist nicht kontrollierbar, und Freiheit ist nicht vorhersehbar. Alle sogenannte Liebe versucht also, die Freiheit in jeder Hinsicht zu zerstören – und in dem Augenblick, wo die Freiheit zerstört ist, stirbt die Liebe.

Liebe ist sehr zerbrechlich, genau wie eine Rose. Du musst ihr gestatten, im Regen, im Wind, in der Sonne zu tanzen.

Liebe ist wie ein Vogel im Flug, dem der ganze Himmel als seine Freiheit zur Verfügung steht. Du kannst dich des Vogels bemächtigen, du kannst ihn in einen schönen goldenen Käfig sperren, und es scheint so, als sei es derselbe Vogel, der frei herumgeflogen ist und der einst den ganzen Himmel für sich hatte. Es scheint nur so, als sei es derselbe Vogel. Er ist es nicht: Du hast ihn getötet. Du hast ihm seine Flügel beschnitten. Du hast ihm seinen Himmel genommen. Und den Vögeln ist dein Gold gleichgültig – wie kostbar dein Käfig auch sein mag, es ist Gefangenschaft.

Und das ist es, was wir aus unserer Liebe machen: Wir bauen goldene Käfige. Wir haben Angst, denn der Himmel ist unermesslich. Die Angst ist, dass der Vogel nicht zurückkehren könnte. Um ihn unter Kontrolle zu halten, muss er eingesperrt werden. So wird Liebe zur Ehe. Liebe ist ein Vogel im Flug: Ehe ist ein Vogel in einem goldenen Käfig. Und natürlich kann der Vogel dir nie verzeihen. Du hast ihm seine ganze Schönheit, seine ganze Freude, seine ganze Freiheit zerstört. Du hast seinen Lebensgeist zerstört – er ist nur noch ausgestopft. Aber eins hast du sichergestellt: Er kann dir nicht entkommen, er wird immer dir gehören, er wird auch morgen dir gehören und übermorgen …

Liebende haben immer Angst – Angst, weil die Liebe wie eine sanfte Brise kommt. Du kannst sie nicht erzeugen, sie ist nicht etwas, das fabriziert werden kann – sie kommt einfach. Aber alles, was von alleine kommt, kann auch von alleine wieder gehen; das ist die natürliche Folge.

Die Liebe kommt, und Blumen erblühen in dir, Lieder erklingen in deinem Herzen, ein Wunsch zu tanzen … aber mit einer verborgenen Angst. Was wird passieren, wenn diese Brise, die kühl und duftig zu dir gekommen ist, dich morgen wieder verlässt? Denn du bist nicht die Grenze der Existenz. Und die Brise ist nur ein Gast – sie wird so lange bei dir sein, wie sie sein möchte, und sie kann jederzeit gehen.

Das macht den Menschen Angst, und sie werden besitzergreifend. Sie fangen an, Türen und Fenster zu verriegeln, um die Brise drinnen zu halten; aber wenn deine Türen und Fenster verschlossen sind, ist es nicht mehr dieselbe Brise. Die Kühle ist verloren gegangen, der Duft ist verlorengegangen – schon bald wird sie stickig. Sie braucht Freiheit, und du hast ihr die Freiheit genommen – sie ist nur eine Leiche.

Im Namen der Liebe schleppt der Mensch die Leiche des anderen mit sich herum – das nennen sie Ehe. Und damit ihr Leichen mit euch herumtragen dürft, müsst ihr zum Standesamt gehen und euch gesetzlich dazu verpflichten. Liebe kann keine Ehe zulassen. In einer authentischen Welt wird die Ehe unmöglich sein.

Man sollte lieben, und zwar intensiv und total lieben, und sich nicht um das Morgen sorgen. Wenn das Dasein heut so glücklich war, dann vertraue darauf, dass das Dasein morgen noch schöner und glücklicher sein wird. In dem Maße, wie dein Vertrauen wächst, wird das Dasein immer großzügiger zu dir. Du wirst mit noch mehr Liebe überschüttet werden. Noch mehr Blumen der Freude und Ekstase werden auf dich herabregnen.

Alles, was du in deinem dreiundsechzigjährigen Leben unter dem Namen „Liebe" gekannt hast, war keine Liebe. Es mag Verliebtheit gewesen sein, mag biologische Anziehung gewesen sein, es mag eine Verschwörung der Hormone zweier Individuen gewesen sein, aber keine Liebe. Du hast zum ersten Mal erfahren, was Liebe ist …

Denn dies ist das einzige Kriterium: Deine Freiheit vertieft sich; deine Unabhängigkeit verdichtet sich, wird integrer und kristallisierter.

Dies ist das einzige Kriterium, dass die Liebe zu dir gekommen ist, dass die Liebe in deinem Herzen zu Gast war.

Und wen kümmert das Morgen? Die Leute, die das Morgen kümmert, sind die Leute, die kein Heute haben, die jetzt unglücklich sind und es zu verbergen suchen, zu ignorieren suchen, im Traum, in der Hoffnung, im Verlangen nach morgen. Aber das Morgen kommt nie. Darin besteht eine der Schwierigkeiten: Es ist immer das Heute, was kommt, und du gewöhnst dich daran, heute unglücklich zu sein und auf das Morgen zu hoffen, zu wünschen und zu träumen. Du bist am Leben vorbeigegangen. Die Leute haben sich so ans Morgen gewöhnt, dass sie nicht nur in diesem Leben an das „Morgen" denken, sie denken an das Leben nach dem Tode.

**Liebende haben immer Angst –
Angst, weil die Liebe wie eine sanfte Brise kommt.
Du kannst sie nicht erzeugen, sie ist nicht etwas,
das fabriziert werden kann – sie kommt einfach.
Aber alles, was von alleine kommt,
kann auch von alleine wieder gehen;
das ist die natürliche Folge.**

Die Leute haben mich immer gefragt „Was kommt nach dem Leben?" „Was kommt nach dem Tod?" Und ich sagte ihnen immer: „Was vor dem Tod geschieht, das geht auch nachher weiter. Bist du heute glücklich? – denn das Morgen wird aus dem Heute geboren. Das Heute ist schwanger mit deiner ganzen Zukunft."

Liebe intensiv, voll Freude, rückhaltlos, und du wirst nie daran denken, eine Verpflichtung, einen Vertrag einzugehen. Du wirst nie daran denken, den anderen abhängig zu machen. Du wirst, wenn du liebst, niemals so grausam sein, die Freiheit des anderen zu zerstören. Du wirst ihm helfen, du wirst seinen Himmel erweitern.

Es gibt nur ein Kriterium für Liebe: Sie schenkt Freiheit, und sie schenkt sie bedingungslos.

Du hast Liebe zum ersten Mal erfahren. Aber es ist nicht zu spät, auch wenn du dreiundsechzig Jahre alt bist. Liebe verwandelt Alter in Jugend. Wenn du bis zum allerletzten Atemzug weiter lieben kannst, wirst du jung bleiben. Die Liebe kennt kein Alter. Die Liebe kennt keinen Tod. Wenn du weiter lieben kannst, wird deine Liebe auch über den Tod hinaus fortleben.

Liebe ist die kostbarste Erfahrung im Leben.

The Golden Future, 1987

Du hast schon oft gelebt

*Jugend ist alles – zumindest in der westlichen
Gesellschaft. Aber der natürliche Schluss daraus ist,
dass Geburtstage, je weiter man sich von
seiner Jugend entfernt, eher ein beschämender
und unvermeidlicher Umstand sind als ein Anlass zu
Glückwünschen. Es gilt als unhöflich, jemanden nach
seinem Alter zu fragen; graues Haar wird gefärbt,
Zähne werden überkront oder ersetzt, entgleiste
Brüste und Gesichter müssen geliftet, Bäuche
gestrafft und Krampfadern heimlich gestützt werden.
Man fühlt sich sicher nicht geschmeichelt,
wenn man zu hören bekommt, dass man seinem
Alter entsprechend aussieht.
Kannst du bitte etwas über das Altern sagen?*

Das westliche Denken ist durch die Vorstellung geprägt, dass man nur ein Leben hat – welches siebzig Jahre währt. Die Jugend kommt nie zurück. Im Westen kommt der Frühling nur einmal; natürlich kommt da das Verlangen auf, am Leben so lange festzuhalten wie nur möglich, auf jede erdenkliche Art und Weise so zu tun, als wäre man noch jung …

Aber im Osten galt bisher die Vorstellung, dass das Leben nicht nur ein Intermezzo von siebzig Jahren ist, in der die Jugend nur ein Mal kommt. Die Vorstellung war die, dass genauso wie in der Existenz alles ewig weitergeht – erst kommt der Sommer, dann die Regenzeit, dann der Winter und dann wieder der Sommer … alles dreht sich wie ein Rad. Das Leben ist keine Ausnahme.

Der Tod ist das Ende einer Umdrehung und der Beginn einer neuen. Du wirst wiederum ein Kind, und du wirst wiederum eine junge Frau, und du wirst wiederum alt. So war es von Anfang an, und so wird es bis zum Ende bleiben… bis du so erleuchtet wirst, dass du aus diesem Teufelskreis herausspringen kannst und unter ein völlig anderes Gesetz gerätst: Du kannst aus dem Reich des Individuellen in das Reich des Universellen springen.

Das Erste also: Aufgrund der Idee von nur einem Leben ist der Westen zu sehr aufs Jungsein fixiert. Und dann wird alles getan, um solange wie möglich jung zu bleiben, um das Altern hinauszuzögern. Das führt zu Heuchelei, und das zerstört ein authentisches Wachstum; es erlaubt dir nicht, im Alter wirklich weise zu werden, weil du das Altwerden hasst… Weil das Altwerden dich an den Tod erinnert und sonst nichts; weil Altwerden bedeutet, dass der Schlusspunkt nicht mehr fern ist. Du bist an der Endstation angekommen, beim nächsten Pfiff bleibt der Zug stehen.

Die Leute versuchen jung zu bleiben, aber sie wissen nicht, dass ihnen gerade die Angst vor dem Verlust der Jugend verbietet, ihre Jugend voll auszuleben.

Und zum Zweiten erlaubt euch eure Angst vor dem Verlust der Jugend nicht, das Alter mit Würde hinzunehmen. Ihr versäumt beides – die Jugend mit ihren Freuden und ihrer Intensität – und ebenso versäumt ihr die Würde und die Weisheit und den Frieden, die das Alter bringt. Aber das ganze beruht auf einer falschen Vorstellung vom Leben.

Solange der Westen nicht von seiner Vorstellung abgeht, dass es nur ein Leben gibt, lässt sich nichts an dieser Heuchelei und diesem Klammern und dieser Angst ändern. Und ihr lebt tatsächlich nicht nur ein Mal. Ihr habt viele Male gelebt und werdet noch viele Male leben.

Deshalb lebt jeden Augenblick so total wie möglich! Ihr braucht euch nicht zu hetzen, von einem Moment zum nächsten zu springen. Zeit ist nicht Geld, Zeit ist unerschöpflich. Und sie steht den Armen genauso zur Verfügung wie den Reichen. Reiche sind in Bezug auf Zeit nicht reicher, und Arme nicht ärmer.

Das Leben ist eine ewige Inkarnation.

Was da an der Oberfläche erscheint, ist tief verwurzelt in den Religionen des Westens. Sie geizen sehr mit ihren lediglich siebzig Jahren, die sie euch zugestehen. Und wenn ihr einmal nachzurechnen versucht, verliert ihr ein Drittel eures Lebens mit Schlafen; ein Drittel des Lebens wird damit draufgehen, Essen, Kleidung und Wohnung zu verdienen. Das Wenige, was dann noch übrigbleibt, muss für die Ausbildung, für Fußballspiele, Kino, dummen Zank und Streit geopfert werden. Wenn du in siebzig Jahren sieben Minuten Zeit für dich selbst erübrigen kannst, nenne ich dich einen Weisen. Aber es ist schwer, in deinem ganzen Leben auch nur sieben Minuten zu erübrigen. Wie sollst du dich selber finden, und wie sollst du das Geheimnis deines Daseins, deines Lebens erkennen? Wie sollst du verstehen, dass der Tod nicht ein Ende ist?

Weil du es versäumt hast, das Leben selbst zu erfahren, wirst du auch die große Erfahrung des Todes versäumen. Ansonsten hat der Tod nichts Furchterregendes. Er ist ein wunderbarer Schlaf, ein traumloser Schlaf; ein Schlaf, den du brauchst, um in einen anderen Körper einzugehen – still und friedlich. Es ist eine Art Chirurgie, es ist fast wie Anästhesie. Der Tod ist ein Freund, kein Feind. Und wenn du erst einmal anfängst, den Tod als Freund zu begreifen und das Leben ohne alle Furcht zu leben – Furcht, weil es nur eine ganz kurze Zeitspanne von siebzig Jahren dauert ...

> **Die Leute versuchen jung zu bleiben,
> aber sie wissen nicht,
> dass ihnen gerade die Angst
> vor dem Verlust der Jugend verbietet,
> ihre Jugend voll auszuleben.**

Wenn sich deine Perspektive für die Ewigkeit deines Lebens öffnet, dann wird sich alles verlangsamen, dann brauchst du nicht mehr hektisch zu sein. In allem hetzen sich die Leute ab. Ich habe Leute gesehen, die ihre Aktentasche schnappen, Sachen hineinstopfen, die Ehefrau küssen, ohne zu sehen, ob es ihre Frau ist oder jemand anders, ihren Kindern Auf Wiedersehen sagen ...

Das ist keine Art zu leben. Und was erreicht ihr mit dieser Hektik? Die Geschwindigkeit ist wichtiger geworden als das Ziel. Und die Geschwindigkeit ist deshalb wichtiger geworden, weil das Leben so kurz ist und ihr so viele Dinge erledigen müsst – wenn ihr euch dabei nicht beeilt, schafft ihr es nicht! Ihr könnt nicht einmal ein paar Minuten stillsitzen, es sieht aus wie Verschwendung. In den paar Minuten hättest du ein bisschen Kohle machen können! Einfach Zeit verschwenden? Die Augen schließen? Und was soll schon in dir drin sein? ...

Der Westen hat keine mystische Überlieferung, er ist extrovertiert. Sieh nach außen – da gibt es so viel zu sehen! Aber ihm ist nicht bewusst, dass es drinnen nicht nur ein Skelett gibt, sondern dass in diesem Skelett noch etwas anderes steckt. Und zwar dein Bewusstsein. Und indem du die Augen schließt, wird dir nicht das Skelett begegnen, sondern die Urquelle deines Lebens.

Der Westen braucht eine tiefe Bekanntschaft mit seiner eigenen Lebensquelle – dann wird es keine Hektik mehr geben. Man freut sich, wenn das Leben Jugend bringt, man freut sich, wenn das Leben Alter bringt, und man freut sich, wenn das Leben Tod bringt. Man versteht einfach eines: sich an allem zu freuen, was einem begegnet – und es in ein Fest zu verwandeln.

Ich nenne es die authentische Religion – die Kunst, alles in ein Fest zu verwandeln, in ein Lied, in einen Tanz.

The Golden Future, 1987

Faszination und Angst hängen zusammen

Was denkst du über die Einstellung der Heilande und Propheten zu Frauen?

Diese Leute, die man immer für Gesandte Gottes gehalten hat, die immer Barmherzigkeit und Liebe gelehrt haben, haben nie in Betracht gezogen, dass Frauen auch Menschen sind. Sie wurden von Frauen geboren. Trotzdem haben sie alle den Frauen gegenüber eine solche Respektlosigkeit an den Tag gelegt, dass einem übel wird. Der Grund ist völlig klar. Der Grund ist: Sie haben Angst vor Frauen. Und es ist eine psychologische Wahrheit, dass das, wovor du Angst hast, dich gleichzeitig fasziniert. Angst und Faszination gehören zusammen. Ja, Angst ist eine Begleiterscheinung von Faszination.

Sie sind fasziniert – was natürlich ist. Daran ist nichts falsch, es ist völlig menschlich. Aber wenn sie ein Heiland sein wollen ... dann haben sie die Bedingungen zu erfüllen, die ihnen die Tradition zu erfüllen vorschreibt, und diese Traditionen sind alle vom Mann gemacht.

Bis heute haben wir in einer von Männern bestimmten Gesellschaft gelebt, in der die Frau überhaupt nicht berücksichtigt worden ist.

Konfuzius – und ganz China ist beeinflusst vom Denken des Konfuzius – glaubt, dass in der Frau keine Seele steckt, dass sie nur einen Körper hat; eine Frau umzubringen ist kein Mord. Deshalb war es jahrtausendelang in China kein Verbrechen, die eigene Frau umzubringen. Es war nicht schlimmer als wenn du deinen Stuhl kaputt machen wolltest, deine Möbel oder irgendetwas anderes, das dir gehört. Es gehört dir, es ist deins, genauso wie es deine Frau ist. Du bist der Besitzer; du kannst sie umbringen. Es gab kein Gesetz in China, das den Ehemann daran hinderte, seine Frau umzubringen, und es gab auch keine Bestrafung, denn die Frau war eine Sache, kein Wesen.

Konfuzius gilt als einer der weisesten Männer der Welt. Nun, was für eine Art von Weisheit ist das? Er ist der Begründer des Konfuzianismus, aber Konfuzius hat nur eines getan: Er hat die Menschen konfus gemacht – mehr nicht.

Jede Religion hat Angst vor Frauen, denn jede Religion hat Angst vor Sex. Jede Religion unterdrückt den Sex, ist gegen den Sex. Natürlich ist dann die Folge, dass jede Religion gegen die Frau sein muss. Die Frau muss verdammt werden. Wenn man den Sex verdammt, muss man notgedrungen die Frau verdammen. Wenn man die Frau achtet – das ist die logische Folge –, muss man auch den Sex achten, als etwas ganz Natürliches. Und warum waren diese Leute gegen den Sex? In ihren Anschauungen weichen sie alle voneinander ab, außer was Sex betrifft. Was Sex betrifft, sind sich alle Religionen einig; Sex ist anscheinend das einzige, worin sich die Religionen einig sind. Es scheint also ungeheuer wichtig zu sein, dass wir tief in das ganze Phänomen eindringen, warum sie davor Angst haben. Sie haben Angst vor Sex, weil es die stärkste Energie des Menschen ist, der allerstärkste Trieb der Natur und Biologie. Er ist absolut unzerstörbar.

Entweder kannst du den Sex verdammen und unterdrücken, oder du kannst ihn verstehen und transformieren.

Aber das zweite ist ein langer und schwieriger Weg, und es gehört ungeheuer viel Intelligenz und Bewusstheit dazu, denn Sex ist eine unbewusste Kraft in dir. Jede Zelle deines Körpers besteht aus ihr, pulsiert mit ihr.

Dein bewusster Teil ist nichts im Vergleich zu deiner unbewussten sexuellen Energie; deshalb die Angst, dass das Unbewusste jeden Augenblick von dir Besitz ergreifen kann. Unterdrückung scheint leichter zu sein. Zur Unterdrückung braucht man grundsätzlich keine Intelligenz, jeder Schwachkopf kann das. Im Gegenteil, nur Schwachköpfe können das.

Ich war überrascht, nachdem ich Hunderte von Mönchen in Indien gesehen hatte – alle aus verschiedenen Religionen, alle unterdrücken sie ihre Sexualität. Meine Überraschung war, dass sie umso dümmer werden, je mehr sie ihre Sexualität unterdrücken, genau im gleichen Verhältnis. Die eigene Natur zu unterdrücken ist ein so schwachsinniges Unterfangen, dass es zwangsläufig deine Intelligenz zerstören muss – ich fand diese Leute so stumpf. Wenn ich mit ihnen sprach, konnte ich sehen, dass sie überhaupt nichts gehört haben; ihre Augen wirken fast tot, ihr Körper ist eingefallen. Sie sehen hässlich aus. Sie waren gegen Sex, und darum müssen sie gegen die Frau sein.

Die Jainas glauben, dass niemand aus dem Körper einer Frau heraus befreit werden kann. Nur der Mann kann befreit werden, kann das Höchste erreichen – ihr Wort dafür ist *Moksha* – Befreiung, aber nur vom Körper eines Mannes aus, nicht von dem einer Frau. Was ist verkehrt am Körper einer Frau? Es gibt überhaupt keinen Unterschied.

Der einzige Unterschied ist physiologisch, und auch das ist kein großer Unterschied – kein Unterschied, der einen Unterschied machen könnte. Die Sex-Organe des Mannes hängen nach draußen, und die Sex-Organe der Frau hängen nach innen; das ist der einzige Unterschied. Stülpe einfach deine Hosentasche um und lass sie nach draußen hängen: Die Tasche wird männlich. Stülpe sie zurück in ihre ursprüngliche Lage: Sie wird weiblich. Das nennt ihr einen Unterschied? Die gleiche Tasche? ...

> **Jede Religion hat Angst vor Frauen,
> denn jede Religion hat Angst vor Sex.
> Jede Religion unterdrückt den Sex, ist gegen den Sex.
> Natürlich ist dann die Folge,
> dass jede Religion gegen die Frau sein muss.
> Die Frau muss verdammt werden.
> Wenn man den Sex verdammt,
> muss man notgedrungen die Frau verdammen.**

Die Jainas sagen, dass die Frau mit ihrem weiblichen Körper gestraft ist. Erst muss sie mal ein Mann werden! Also gibt es zwar Jaina-Nonnen, aber sie streben nicht nach Befreiung, sondern danach, in ihrem nächsten Leben als ein Mann wiedergeboren zu werden, dann erst werden sie für ihre Befreiung arbeiten. Für sie gibt es einen Schritt mehr zu tun als für den Mann. „Ladies first" trifft hier nicht zu.

Es gab in der Geschichte der Jainas eine Frau, die ungeheuren Mut und Intelligenz besessen haben muss und eine Rebellin war: Sie rebellierte gegen diese Vorstellung. Ihr

Name war Mallibhai. Sie rebellierte einfach gegen diese ganze Vorstellung; sie sagte: „Das ist nur vom Mann erfunden." Und ganz sicher muss sie eine Frau mit Charisma gewesen sein, denn sie wurde ein Jaina-Mönch! Sie wollte auf keinen Fall Nonne werden, weil eine Nonne zum Ziel hat, im nächsten Leben ein Mönch zu werden. Sie wurde ein Jaina-Mönch. Eine Jaina-Nonne darf Kleider tragen, sie soll nicht nackt herumlaufen – diese Stufe kommt erst im nächsten Leben, falls sie Erfolg hat.

Aber diese Frau Mallibhai ist eine einmalige Rebellin. Ich habe überall in der Welt nachgeforscht – ich finde keine andere Frau vom gleichen rebellischen Geist. Sie wurde ein Mönch. Sie ließ ihre Kleider fallen und erklärte den Jainas: „Ich bin ein Mönch, und ich strebe nach Befreiung, und mir ist ganz egal, was eure Schriften sagen." Sie hatte sicherlich Charisma, und sie erfüllte alle Bedingungen, die ein *Tirthankara* erfüllen muss, und die Jainas mussten sie als einen *Tirthankara* akzeptieren.

Aber sie legten sie herein. Als sie starb, änderten sie ihren Namen. Sie hieß Mallibhai – *„bhai"* bezeichnet eine Frau. Man machte aus diesem Namen Mallinath – *„nath"* bezeichnet einen Mann. Wenn ihr also die Geschichtsbücher lest, werdet ihr nicht erkennen, dass von den vierundzwanzig *Tirthankaras* einer eine Frau war, denn sie geben ihr nicht den Namen „Mallibhai", sie sagen „Mallinath."

Sie haben die ganze Welt getäuscht, und sie haben ihr altes Spiel weitergespielt. Eine Frau hat den Beweis erbracht, und der Beweis einer Frau reicht für alle Frauen. Aber die verlogene Priesterschaft änderte ihren Namen als sie starb. Sie haben nicht nur ihren Namen geändert, sie haben auch die Statue geändert. Es ist eine Männerstatue, die in den Tempeln steht; in den Jaina-Tempeln gibt es vierundzwanzig *Tirthankara*-Statuen – alles Männer!

Ich bin oft in Jaina-Tempel gegangen und habe gefragt: „Wer ist Mallibhai?"

Und jedesmal wurde der Priester unruhig und sagte: „Äh, Mallibhai? Bist du ein Jaina?"

Und dann sagte ich immer: „Nein, ich bin kein Jaina, aber ich bin auch kein männlicher Chauvinist. Wer von diesen vierundzwanzig ist Mallibhai?" Und dann zeigte er es mir.

Aber ich sagte: „Das ist eine Männer-Statue – die Sex-Organe hängen draußen."

Bald kamen sie dahinter … jedesmal, wenn ich in einen Jaina-Tempel wollte, sagten sie: „Der Tempel ist geschlossen. Du darfst nicht in den Tempel."

Es ist eine männlich-chauvinistische Welt. Alle Hindu-Avatare sind Männer; nicht eine einzige Frau ist anerkannt. Nicht, dass es keine Frauen mit viel mehr Stärke, mit viel mehr Kraft gegeben hätte als diese sogenannten Avatare, aber sie wurden nicht akzeptiert – nur weil sie Frauen sind und es eine Männerwelt ist.

Ein Moslem kann vier Frauen heiraten; der Koran erlaubt ihm das. Einer Frau ist es nicht gestattet, vier Männer zu heiraten. Das ist wirklich ungerecht. Eine Frau darf eine muslimische Moschee nicht betreten – sie darf nur draußen beten. Sie ist schmutzig, nur weil sie eine Frau ist; sie darf noch nicht einmal innerhalb der Moschee beten! In einer Synagoge gibt es einen gesonderten Bereich für die Frau, abgetrennt; sie darf nicht beim Mann sitzen. Meistens hat sie im hinteren Bereich ihren Platz, oder auf der Empore.

Das erinnert mich an eine Geschichte, ich weiß nicht, ob sie stimmt oder nicht …

Als Golda Meir Ministerpräsidentin von Israel war, stattete Indira Gandhi, die Ministerpräsidentin von Indien war, Israel einen Besuch ab. Sie wollte eine Synagoge besichtigen und wissen, wie die Juden beten und was sie tun. Also nahm Golda Meir Indira Gandhi mit, und sie saßen auf der Empore.

Indira Gandhi fragte Golda Meir: „Ist es Vorschrift in der Synagoge, dass nur Ministerpräsidenten auf der Empore sitzen dürfen!"

Golda Meir und Indira Gandhi waren zwei Frauen; Golda Meir wollte nicht sagen, dass die Frau nach jüdischer Sitte getrennt sitzen muss.

Aber Indira Gandhi dachte: ‚Es liegt daran, dass wir beide Präsidentinnen sind, also wird uns ein besonderer Platz zugewiesen.'

Ja, es war ein besonderer Platz, aber nicht für Ministerpräsidenten, sondern für zwei Frauen. Auch wenn sie Ministerpräsidentin ist – egal, eine Frau ist eine Frau.

The Rajneesh Bible, Band I, 1985

Keine Geburtenkontrolle und keine Abtreibung: globaler Selbstmord

Warum ist die Kirche so sehr gegen Abtreibung und Geburtenkontrolle?

Politik ist ein Spiel mit Zahlen. Wie viele Christen ihr auf der Welt habt, darauf beruht eure Macht. Je mehr Christen es gibt, desto mehr Macht ist in den Händen der christlichen Priester, der Priesterschaft. Niemand hat Interesse daran, irgendwen zu retten, sondern nur, die Bevölkerung zu vermehren. Das Christentum hat nichts anderes getan, als ständig durch den Vatikan Erlasse gegen Geburtenkontrolle zu verbreiten, in denen steht, dass es Sünde ist, Methoden zur Geburtenkontrolle zu benutzen; dass es Sünde ist, Abtreibung gutzuheißen oder Abtreibung zu propagieren oder zu legalisieren.

Glaubt ihr, es geht ihnen um die ungeborenen Kinder? Die interessieren sie nicht – sie haben mit diesen ungeborenen Kindern nichts im Sinn. Sie verfolgen ihre eigenen Interessen, wohlwissend, dass die ganze Menschheit einen globalen Selbstmord begehen wird, wenn Abtreibung nicht praktiziert wird, wenn Geburtenkontrolle nicht praktiziert wird.

Und bis dahin ist es nicht mehr weit, ihr könnt die Situation jetzt schon absehen. Schon binnen fünfzehn Jahren wird die Weltbevölkerung so groß sein, dass ein Überleben unmöglich wird.

Und es ist noch gar nicht lange her, da tat sich der Vatikan mit einem langen „Hirtenbrief" hervor – 139 Seiten an die Menschheit! „Abtreibung ist Sünde. Geburtenkontrolle ist Sünde." Nun, nirgendwo in der Bibel ist Abtreibung Sünde. Nirgendwo in der Bibel ist Geburtenkontrolle Sünde – weil keine Geburtenkontrolle nötig war. Neun von zehn Kindern mussten damals sterben. Das war das Verhältnis, und das war noch vor dreißig oder vierzig Jahren das Verhältnis in Indien: Von zehn Kindern überlebte nur eines. Das war völlig in Ordnung so. So war die Bevölkerung nicht zu groß, keine zu große Belastung für die Ressourcen der Erde. Heute ist es, ganz zu schweigen von den hochentwickelten Ländern, sogar in Indien so, dass nur noch eins von zehn Kindern stirbt.

Denn zum einen hilft die Medizin den Leuten zu überleben, und zum anderen richtet das Christentum Krankenhäuser ein und verteilt Medikamente. Und dann ist da Mutter Teresa, die euch lobt, und der Papst, der euch seinen Segen gibt ...

Es gibt alle möglichen Vereine ... sie machen sich sogar Sorgen um Russland. Es gibt in Amerika einen christlichen Verein, genannt „Untergrund-Evangelismus", der in kommunistischen Ländern damit arbeitet, Bibeln kostenlos zu verteilen und diese dummen Ideen zu verbreiten, dass Abtreibung Sünde ist und Geburtenkontrolle Sünde ist.

In Russland herrscht jetzt nicht Hunger – sie sind nicht reich, aber sie hungern auch nicht. Bitte lasst wenigstens die Russen in Frieden. Und es liegt an der Geburtenkontrolle, dass sie nicht hungern! Wenn Geburtenkontrolle verboten wird, wenn Abtreibung verboten wird, kommt Russland in die gleiche Situation wie Äthiopien. Dann wird Mutter

Theresa überglücklich sein. Die Untergrund-Evangelisten werden aus ihren Löchern kommen – eine große Chance, Leute zum Christentum zu bekehren!

The Rajneesh Bible, Band III, 1985

Eine Frau ist im innersten Kern ihres Seins verwundet

In Kahlil Gibrans Buch „Der Prophet"
bittet eine Frau den Propheten Almustafa,
über den Schmerz zu sprechen.
Würdest Du bitte etwas zu dieser Passage sagen?

„Und eine Frau sagte: Sprich uns vom Schmerz.
Und er antwortete:
Euer Schmerz ist das Zerbrechen der Schale,
die euer Verstehen umschließt.
Wie der Kern der Frucht zerbrechen muss,
damit sein Herz die Sonne erblicken kann,
so müsst auch ihr den Schmerz erleben.
Und könntet ihr in eurem Herzen das Staunen
über die täglichen Dinge des Lebens
bewahren, würde euch der Schmerz nicht weniger
wundersam scheinen als die Freude.
Und ihr würdet die Jahreszeiten eures Herzens gerade
so hinnehmen, wie ihr seit je die Jahreszeiten
hingenommen habt, die über eure Felder streichen.
Und ihr würdet mit Heiterkeit die Winter
eures Leids durchwachen.
Viel von eurem Leid ist selbstgewählt.
Es ist die bittere Arznei, mit der der Arzt
in euch euer krankes Selbst heilt.
Darum vertraut dem Arzt, und trinkt sein
Heilmittel in Stille und Gleichmut:
Denn seine Hand, obgleich schwer und hart,

wird von der zarten Hand des Unsichtbaren geführt.
Und der Becher, den er bringt, mag er auch
eure Lippen verbrennen, ist aus dem Ton gebildet,
den der Töpfer mit seinen
eigenen heiligen Tränen genetzt hat."

Es scheint, dass es sehr schwer fällt – selbst einem Mann vom Kaliber Kahlil Gibrans – eine tief eingefleischte männliche Chauvinistenhaltung zu vergessen. Ich sage dies, weil die Aussagen, die Almustafa hier macht, in gewisser Weise richtig sind – und dennoch fehlt ihnen etwas ganz Wesentliches.

Almustafa vergisst, dass die Frage von einer Frau erhoben wird, und seine Antwort ist sehr generell, sie gilt für Männer ebenso wie für Frauen.

Aber die Wahrheit ist, dass die Schmerzen und Leiden, die die Frauen der Welt durchgemacht haben, tausendfach größer sind als was der Mann je gekannt hat.

Darum sage ich, Almustafa antwortet zwar auf die Frage, aber nicht auf die Fragestellerin. Und solange die Fragestellerin keine Antwort bekommt, bleibt die Antwort oberflächlich – wie tiefsinnig sie auch erscheinen mag. Ich möchte, dass ihr euch immer wieder daran erinnert: Wo immer ich sehe, dass nur ein kleiner Satz oder manchmal auch nur ein Wort die Sache wahrer gemacht hätte, viel tiefer, sehr viel mitfühlender....

Die Antwort scheint akademisch, philosophisch. Ihr fehlt die Einsicht in das, was der Mann der Frau angetan hat – und nicht erst seit einem Tag: seit Tausenden von Jahren! Er erwähnt es nicht einmal. Im Gegenteil, er macht genau dasselbe weiter, was die Priester und die Politiker schon immer gemacht haben: Er teilt Trost aus. Hinter schönen Worten verbirgt sich nichts als Vertröstungen, und Vertröstungen können die Wahrheit nicht ersetzen.

„Und eine Frau sagte…" Ist es nicht seltsam, dass aus dieser ganzen Menschenmenge kein Mann eine Frage über den Schmerz gestellt hat? Ist es einfach Zufall? Nein, auf keinen Fall. Es ist sehr relevant, dass eine Frau die Frage gestellt hat: „Sprich uns vom Schmerz"; denn nur die Frau weiß, wieviele Wunden sie davongetragen hat, wieviel Sklaverei – körperliche, geistige und spirituelle – sie erlitten hat und immer noch erleidet.

Eine Frau ist im innersten Kern ihres Wesens verwundet. Kein Mann weiß um die Tiefe, die der Schmerz in dir erreichen kann und dabei deine Würde, deinen Stolz, ja dein eigentliches Menschsein zerstört.

Almustafa sagte: *„Euer Schmerz ist das Zerbrechen der Schale, die euer Verstehen umschließt."* Ein sehr armseliger Kommentar, so oberflächlich, dass ich mich manchmal für Kahlil Gibran schäme. Jeder Dummkopf kann das sagen. Es ist eines Kahlil Gibran nicht würdig. *„Euer Schmerz ist das Zerbrechen der Schale, die euer Verstehen umschließt."* Es ist eine sehr simple und generelle Aussage.

„Wie der Kern der Frucht zerbrechen muss, damit sein Herz die Sonne erblicken kann, so müsst auch ihr den Schmerz erleben." Ich hasse diesen Satz. Er unterstützt den Gedanken, dass ihr Schmerz erfahren müsst. Es ist eine Binsenwahrheit, aber keine Wahrheit. Sie stellt einfach nur das Faktische fest – ein Samenkorn muss tiefes Leid ertragen, denn solange das Samenkorn nicht stirbt, wird der Baum nie geboren, wird das großartige Laubdach und die Schönheit der Blüten niemals entstehen. Aber wer denkt schon an das Samenkorn

und seinen Mut zu sterben, damit das Unbekannte geboren werden kann?

Auch dies ist wahr: Wenn die Schale, die euer Verständnis umschließt, nicht dieses Leid durchmacht, zusammenbricht, euer Verständnis freisetzt, kommt es zu einem gewissen Schmerz. Aber was ist die Schale? Auf die Art haben sich die Poeten der Kreuzigung entzogen. Kahlil Gibran hätte erklären sollen, was die Schale ist.

All das Wissen, all eure Konditionierungen, der ganze Vorgang eurer Erziehung, eure Bildung, eure Gesellschaft und Zivilisation das alles macht die Schale aus, die euch und euer Verständnis eingesperrt halten. Aber er erwähnt mit keinem einzigen Wort, was er mit „Schale" meint. Hätte er gesagt „eure Religion, eure Philosophie, eure politische Ideologie, eure Nationalität, eure Rasse – sie alle sind Bestandteile eurer Gefangenschaft", dann wäre er, statt international geehrt, ausgezeichnet zu werden, von allen Religionen, allen Nationen, allen Rassen, mit anderen Worten von der ganzen Welt verdammt worden.

Almustafa sagt: *„Euer Schmerz ist das Zerbrechen der Schale, die euer Verstehen umschließt."* Das stimmt. Aber es wäre aufrichtiger gewesen, wenn er erklärt hätte, was er mit „Schale" meint, denn die ganze Sache steht und fällt mit der Bedeutung des Wortes „Schale". Was ist diese „Schale"?

Die Menschen werden es als reine Dichtung lesen, als Lyrik, und niemand wird je bemerken, dass sie das Wort „Schale" übergangen haben, welches eure ganze Vergangenheit enthält. Und solange ihr nicht bereit seid, euch von eurer Vergangenheit völlig zu trennen, wird es Schmerz geben. Es liegt an eurer Vergangenheit – es ist nicht so leicht, sie einfach abzustreifen. Es ist nicht wie bei Kleidern, die ihr ausziehen könnt, es ist wie wenn ihr gehäutet werdet. Aber ohne diesen Schmerz durchzumachen gibt es keine Möglichkeit für irgendein Verständnis.

Dies gilt für Männer so gut wie für Frauen, aber es trifft noch mehr auf Frauen zu, weil die ganze Vergangenheit vom Mann geschaffen wurde. Die Frau ist einfach nur ein Schatten gewesen, ohne viel Substanz. Alle Hindu-Inkarnationen Gottes sind Männer. Es ist so überraschend und schockierend, dass sie Tiere als Inkarnationen Gottes akzeptieren, aber sie haben nie auch nur eine Frau als eine Inkarnation Gottes anerkannt.

Die Frau ist völlig ignoriert worden. Sie ist überhaupt nicht berücksichtigt worden. Sie macht die Hälfte der Welt aus, und hat Jahrtausende lang kein Wahlrecht gehabt!

In China hat man geglaubt, dass sie keine Seele hat – sodass sich die Frage des Schmerzes gar nicht erst stellt. Wenn du deine Möbel zertrümmerst, meinst du, deine Möbel werden große Schmerzen erleiden? dass das Leid verursacht? dass es wehtut? Wenn du den Tisch schlägst, meinst du, dass es dann Tränen gibt?

In Indien… Gautam Buddha zum Beispiel ist ein Mann; seine großen Jünger – Mahakashyap, Sariputta, Moggalayan – sind alle Männer. Gab es keine einzige Frau, die auf dieselbe Bewusstseinsebene gehoben werden konnte? Aber Gautam Buddha selber verweigerte den Frauen die Einweihung: Sie sind eine Spezies, die nicht zur Menschheit gehört, sondern zu einem untermenschlichen Stand. Warum sich mit ihnen abgeben? – lasst sie erst zum Mann werden.

Es gibt einen Ausspruch von Gautam Buddha, dass der Mensch der Kreuzweg ist, von wo aus man überall hingelangen kann – zur Erleuchtung, zur letzten Freiheit. Aber von der Frau ist da überhaupt nicht die Rede. Sie ist keine Kreuzung, sondern nur eine dunkle Gasse, wo die Stadtverwaltung noch nicht einmal Straßenbeleuchtung gelegt hat. Sie führt nirgends hin. Der Mann dagegen ist eine Autobahn. Soll die Frau erst einmal Mann werden, im Körper eines Mannes geboren werden – dann hat sie die Möglichkeit, erleuchtet zu werden.

Und Almustafa sagt: *"... so müsst auch ihr den Schmerz erleben"* – aber wozu? Wenn die Frau nicht erleuchtet werden kann, wozu sollte sie dann den Schmerz erleben? Sie ist kein Gold, das durch das Feuer muss, um geläutert zu werden.

"Und könntet ihr in eurem Herzen das Staunen über die täglichen Dinge des Lebens bewahren, würde euch der Schmerz nicht weniger wundersam scheinen als die Freude..." Es ist wahr; aber manchmal kann die Wahrheit sehr gefährlich sein, ein zweischneidiges Schwert. Auf der einen Seite schützt es, auf der anderen zerstört es. Es ist wahr, dass, wenn ihr das Staunen in euren Augen bewahrt, überrascht feststellen werdet, dass sogar Schmerz seine eigene Süße hat, sein eigenes Wunder, seine eigene Freude. Er ist nicht weniger wundersam als die Freude selbst.

Aber seltsam – Tatsache ist, dass die Frau stets mehr dem Kind gleicht, mehr von Staunen erfüllt ist als der Mann. Der Mann ist immer hinter Wissen her – und was ist Wissen? Wissen ist nur ein Mittel, das Staunen loszuwerden. Die gesamte Wissenschaft versucht, die Existenz zu entmystifizieren. Und es ist eine sehr einfache Tatsache, dass du, je mehr du weißt, desto weniger staunst.

Aber Almustafa erwähnt nicht die Tatsache, dass Frauen dem Kind immer näher bleiben als Männer. Das ist ein Teil ihrer Schönheit, ihrer Unschuld – sie wissen nicht. Der

Mann hat ihnen nie erlaubt, irgendetwas zu wissen. Sie wissen kleine Dinge – was es heißt, einen Haushalt zu führen und sich um die Küche und die Kinder und den Mann zu kümmern – aber dies sind nicht die Dinge, die sie daran hindern würden… Das ist kein großes Wissen, das kann sehr leicht beiseite gelassen werden.

Darum hat noch jede Frau, die gekommen ist, um mir zuzuhören, mich tiefer, intensiver, mit mehr Liebe gehört. Aber wenn ein neuer Mann ankommt um mir zuzuhören, ist er sehr widerstrebend, auf der Hut, ängstlich, dass er beeinflusst werden könnte, verletzt, wenn sein Wissen nicht bestätigt wird. Oder, wenn er sehr schlau ist, deutet er alles, was gesagt wird, nach seinem eigenen Wissen um. Und dann sagt er: „Weiß ich alles – das war mir nicht neu."

Mit dieser Maßnahme beschützt er sein Ego, schützt er die harte Schale. Und wenn diese Schale nicht bricht und du dich nicht staunend wiederfindest wie ein Kind, ist es ausgeschlossen, dass du je in einen Bereich kommst, den wir immer „die Seele" genannt haben dein innerstes Sein.

Und diese Erfahrung habe ich überall auf der Welt gemacht, dass die Frau zuhört und du das Schimmern des Staunens in ihren Augen erkennen kannst. Das ist nicht oberflächlich, die Wurzeln gehen tief bis in ihr Herz hinein.

Aber Kahlil Gibran erwähnt dies nicht, obwohl die Frage von einer Frau gestellt wird. Ja, der Mann ist sogar so feige, dass er Angst hat, Fragen zu stellen – denn deine Frage beweist deine Unwissenheit. Alle besten Fragen im „Propheten", werdet ihr sehen, sind von Frauen gestellt worden: über Liebe, über Ehe, über Kinder, über Schmerz. Authentisch, real – nicht über Gott, nicht über irgendein philosophisches System, sondern über das Leben selbst. Sie mögen nicht wie große Fragen aussehen, aber es sind in Wirklichkeit die größten Fragen, und derjenige, der sie zu lösen vermag, hat eine neue Welt betreten.

Aber Almustafa antwortet, als wäre die Frage von irgendeinem X-Beliebigen gestellt worden. Er geht nicht auf den ein, der sie gestellt hat. Und mein Ansatz ist immer, dass die wahre Frage der Fragende ist. Warum ist sie in einer Frau aufgekommen und nicht in einem Mann? – weil die Frau Sklaverei erlitten hat, weil die Frau Demütigung erlitten hat, weil die Frau finanzielle Abhängigkeit erlitten hat, und weil sie vor allem unter ständiger Schwangerschaft gelitten hat – seit Jahrhunderten. Sie hat seit je in Schmerz und Schmerz und Schmerz gelebt.

> **Die Frau ist völlig ignoriert worden.**
> **Sie ist überhaupt nicht berücksichtigt worden.**
> **Sie macht die Hälfte der Welt aus,**
> **und hat Jahrtausende lang kein Wahlrecht gehabt!**

Das Kind, das in ihr wächst, erlaubt ihr nicht zu essen; ihr ist immer nach Übergeben zumute, nach Erbrechen. Und wenn das Kind zu neun Monaten gereift ist, ist die Geburt des Kindes fast der Tod der Frau. Und sie hat noch nicht einmal die eine Schwangerschaft hinter sich, da steht der Mann auch schon bereit, sie wieder schwanger zu machen. Es scheint, als wäre die einzige Aufgabe der Frau die, eine Fabrik zur Herstellung von Massen zu sein.

Und was ist die Aufgabe des Mannes? Er hat keinen Anteil an ihrem Schmerz. Neun Monate lang leidet sie, die Geburt des Kindes durchleidet sie – und was tut der Mann? Was den Mann betrifft, benutzt er die Frau einfach als Objekt, um seine Lust und Sexualität zu befriedigen. Er macht sich keine Gedanken darüber, was es für Konsequenzen für die Frau haben wird und sagt trotzdem immer weiter: „Ich liebe dich." Wenn er sie wirklich geliebt hätte, wäre die Welt heute nicht überbevölkert. Sein Wort „Liebe" ist absolut leer: Er hat sie fast wie Vieh behandelt.

„Und ihr würdet die Jahreszeiten eures Herzens gerade so hinnehmen, wie ihr seit je die Jahreszeiten hingenommen habt, die über eure Felder streichen…"

Wahr – doch nicht vollkommen wahr: wahr, wenn man die Fragestellerin nicht bedenkt, aber nicht wahr, wenn man an die Fragestellerin denkt.

Einfach als philosophische Feststellung ist es wahr: *„Und ihr würdet die Jahreszeiten eures Herzens hinnehmen…"* Manchmal herrscht Freude, manchmal Schmerz und manchmal nur Gleichgültigkeit – kein Schmerz, keine Freude. Er sagt, akzeptiert die Jahreszeiten eures Herzens genauso, *„wie ihr seit je die Jahreszeiten hingenommen habt, die über eure Felder streichen"*. Oberflächlich betrachtet stimmt das.

Zu akzeptieren, was es auch sei, verleiht dir einen gewissen Frieden, eine gewisse Ruhe. Du machst dir nicht allzuviele Sorgen, du weißt, auch dies geht vorbei. Aber was die Frau betrifft, ist da ein Unterschied: Sie lebt ununterbrochen in einer Jahreszeit: Schmerz und immer nur Schmerz. Die Jahreszeiten wechseln nicht, kein Sommer, kein Winter oder auch keine Regenzeit. Das Leben der Frau ist wirklich hart.

Es ist heute nicht ganz so hart, aber auch nur in den fortgeschrittenen Ländern. In den sogenannten Entwicklungsländern – die sich in Wirklichkeit gar nicht entwickeln, die eigentlich unentwickelte Länder sind ... Man hat nur den Namen verändert. Früher hießen sie „unentwickelte Länder"; und hier sieht man wieder die Gerissenheit des menschlichen Verstandes: Das Wort „unentwickelt" verletzt also dann „Entwicklungsländer", um die Tatsache zu vertuschen, dass sich gar nichts entwickelt.

Achtzig Prozent der Bevölkerung Indiens lebt in Dörfern, wo ihr die wirklichen Entbehrungen sehen könnt, die die Frau durchmacht. Sie macht diese Entbehrungen schon seit Jahrhunderten durch, und die Jahreszeit ändert sich nicht. Wenn ihr dieser Tatsache ins Auge schaut, dann wird diese Aussage anti-revolutionär. Dann wird diese Aussage zur Vertröstung: „Akzeptiert die Versklavung durch den Mann, akzeptiert die Folter des Mannes."

Die Frau hat in einem solchen Schmerz gelebt, und dennoch vergisst Almustafa völlig, wer die Frage stellt. Es ist möglich, den Wandel der Jahreszeiten zu akzeptieren, aber nicht zehntausend Jahre Sklaverei. Die Jahreszeit ändert sich nicht ...

Die Frau braucht Revolte, nicht Akzeptanz.

Der Mann ist das lüsternste Tier auf Erden. Jedes Tier hat eine Jahreszeit, wo das Männchen sich für das Weibchen interessiert. Manchmal dauert diese Brunftzeit nur ein paar Wochen, manchmal einen Monat oder zwei Monate, und dann vergessen sie den Sex für den Rest des Jahres völlig, vergessen sie die Fortpflanzung völlig. Darum befinden sie sich nicht in einem Zustand der Überbevölkerung.

Es ist nur der Mann, der das ganze Jahr über sexuell ist. Und wenn er Amerikaner ist, dann ist er abends sexuell, dann ist er morgens sexuell ... Und du verlangst von der Frau, den Schmerz zu akzeptieren.

Ich kann meine Leute nicht auffordern, solchen Schmerz zu akzeptieren, einen Schmerz, der euch von anderen aufgezwungen wird. Ihr braucht eine Revolution.

„Und ihr würdet mit Heiterkeit den Wintern eures Leids zusehen..." Warum? Wenn wir das ändern können, warum sollen wir tatenlos zusehen? Seht nur Dingen zu, die sich nicht ändern lassen. Seht nur dem zu, was natürlich ist – dann verhaltet euch wie ein Zeuge. Aber das hier ist poetische List, schöne Worte: „Und mit Heiterkeit zusehen!" Und was ist mit Kahlil Gibran, wenn er seine eigene Frau schlägt? „Mit Heiterkeit zusehen?"

Schaut allem, was natürlich ist, mit Heiterkeit zu, und revoltiert gegen alles Leiden, dass euch von irgendwem aufgezwungen wird. Ob es ein Mann oder eine Frau ist, ob es euer Vater oder eure Mutter ist, ob es der Priester oder der Professor ist, ob es die Regierung oder die Gesellschaft ist – revoltiert! Solange ihr keinen rebellischen Geist habt, seid ihr nicht lebendig im wahren Sinne des Wortes.

„Viel von eurem Leid ist selbstgewählt..." Das ist wahr. All euer Unglück, all euer Leid – vieles davon ist euch nicht von anderen auferlegt worden. Revoltiert gegen das, was euch von anderen auferlegt wird. Aber das, was ihr selbst gewählt habt, das lasst fallen. Es ist nicht nötig, tatenlos zuzusehen. Einfach die Erkenntnis: „Ich habe es mir selbst auferlegt" genügt – wirf es fort. Lasst andere zusehen – du wirfst es fort! Wenn sie sehen, dass du es fortwirfst, werden sie vielleicht begreifen: „Warum unnötig leiden? – die Nachbarn werfen ihren Kummer weg!"

Eure Eifersüchte, eure Wut, eure Gier – sie alle bringen Schmerz. Eure ehrgeizigen Ziele, sie alle bringen Schmerz. Und sie sind selbstgewählt.

„Es ist die bittere Arznei, mit der der Arzt in euch euer krankes Selbst heilt." Wieder kommt er damit, euch zu trösten. Er macht keinen klaren Unterschied, dass es Schmerzen gibt, die euch von andern aufgezwungen werden – revoltiert gegen sie! – und dass es Schmerzen gibt, die natürlich sind: Bleibt Zeuge, und bleibt mit Heiterkeit Zeuge, denn es ist die bittere Arznei, mit der der Arzt in euch, die Natur, euer krankes Selbst heilt.

„Darum vertraut dem Arzt, und trinkt sein Heilmittel in Stille und Gleichmut:…" Aber vergesst nicht, hier ist vom Arzt die Rede, nicht von eurem Ehemann, nicht von eurer Regierung. Sie zwingen euch Schmerz auf, nicht um euch zu heilen, sondern um euch zu zerstören, euch auszulöschen, denn je zerstörter ihr seid, desto leichter könnt ihr beherrscht werden, desto geringer die Angst vor einer Rebellion von eurer Seite. Vergesst also nicht, wer der Arzt ist. Die Natur heilt, die Zeit heilt: Ihr wartet nur, bleibt Zeuge. Aber seid sehr klar damit, was natürlich ist und was künstlich ist.

Wenn etwas natürlich ist, wenn etwas ist, wogegen keine Rebellion möglich ist – dann seid nicht unglücklich, dann

nehmt es mit Dankbarkeit an. Es ist die unsichtbare Hand des Göttlichen, die euch heilen möchte, die euch auf einen höheren Bewusstseinsstand führt. Aber wenn etwas unnatürlich ist – sich irgendeiner Form von Sklaverei zu fügen heißt, deine eigene Seele zu zerstören. Es ist besser zu sterben, als als Sklave zu leben.

The Messiah: Commentaries on Kahlil Gibrans „The Prophet",
Band II, 1987

Ein Sklave kann kein Freund sein

Nietzsche sagt in „Also sprach Zarathustra":
„Noch ist das Weib nicht zur Freundschaft fähig."
Würdest Du das bitte erläutern?

Freundschaft ist das von fast allen Philosophen am meisten gemiedene Thema. Vielleicht nehmen wir es als allzu gegeben hin, dass wir verstehen, was Freundschaft heißt; und so bleiben uns ihre Tiefen, ihre Wachstumsmöglichkeiten, ihre verschiedenen Farben mitsamt ihren verschiedenen Bedeutungen verborgen.

Das Wichtigste, was man sich merken muss, ist: Freunde braucht man deswegen, weil man unfähig ist, allein zu sein. Und solange man Freunde braucht, kann man kein richtiger Freund sein, weil das Brauchen den anderen zum Objekt erniedrigt. Nur wer fähig ist, allein zu sein, ist auch fähig, ein Freund zu sein. Aber nicht, weil er es braucht, sondern weil es ihn freut; nicht aus Hunger, nicht aus Durst, sondern aus überfließender Liebe heraus möchte er geben.

Wenn solch eine Freundschaft existiert, sollte sie nicht Freundschaft genannt werden, weil sie eine völlig neue Dimension erreicht hat. Ich nenne es „Freundlichkeit." Es ist über Beziehung hinausgegangen ... denn alle Beziehungen sind in irgendeiner Form Fesseln. Sie machen einen Sklaven aus dir, und sie versklaven andere. Freundlichkeit ist einfach die Freude am Teilen, ohne Bedingungen, ohne Erwartungen, ohne den Wunsch, dass etwas zurückgegeben werden sollte – nicht einmal Dankbarkeit.

Freundlichkeit ist die reinste Form der Liebe.

Sie ist kein Brauchen, keine Notwendigkeit.

Sie ist reiner Überfluss, überfließende Seligkeit.

Zarathustra sagt: „Unser Glauben an andere verrät, worin wir gerne an uns selber glauben möchten."

Jemand, der an andere glaubt, ist jemand, der Angst hat, an sich selbst zu glauben. Der Christ, der Hindu, der Moslem, der Buddhist, der Kommunist – niemand ist mutig genug, Vertrauen in sein eigenes Wesen zu haben. Er glaubt an andere, und er glaubt an die, die an ihn glauben.

Es ist wirklich lächerlich: Dein Freund braucht dich, weil er Angst vor seinem Alleinsein hat; du brauchst ihn, weil du Angst vor deinem Alleinsein hast. Beide habt ihr Angst vorm Alleinsein. Glaubt ihr, dass euer Zusammensein heißt, dass euer Alleinsein verschwindet? Es wird sich einfach verdoppeln – oder vielleicht vervielfachen; darum bringen alle Beziehungen nur noch mehr Elend, noch mehr Verzweiflung. Niemand kann deine Leere ausfüllen.

Du musst dich deiner Leere stellen.

Du musst sie leben, du musst sie akzeptieren.

Und in deinem Akzeptieren liegt eine große Revolution, eine große Offenbarung verborgen. In dem Augenblick, in dem du dein Alleinsein, deine Leere akzeptierst, ändert sich ihre ganze Qualität. Sie wird genau zu ihrem Gegenteil – sie wird zu Überfluss, zu Erfüllung, zu einem Überfließen von Energie und Freude. Wenn aus diesem Überfließen dein Vertrauen erwächst, hat es Bedeutung; wenn aus ihm deine Freundlichkeit erwächst, hat sie Bedeutung; wenn aus ihm deine Liebe erwächst, ist sie nicht nur ein Wort, sondern dein ganzes Herz.

Der Wunsch, an andere zu glauben, verrät nur eines: Du bist zu armselig, zu leer, zu unbewusst. Und auf diesem Wege veränderst du nicht deine Situation. Auf diesem Wege erreichst du nur einen falschen Trost. Du brauchst keinen Trost, du brauchst eine Revolution, du brauchst eine Transformation deines Wesens. Du musst mit dir selbst ins Reine kommen – das ist der erste Schritt, um das richtige Vertrauen zu finden, die richtige Freundschaft, die richtige Liebe. Anderenfalls stellen dich nur all deine Beziehungen bloß – Liebe, Freundschaft, Vertrauen: Du entblößt dich nur und erklärst, dass du leer bist, dass du ihrer nicht würdig bist, dass du sie nicht verdienst.

Wenn du dich selbst nicht lieben kannst, wer soll dich dann lieben? Wenn du dir selbst nicht ein Freund sein kannst, wer soll dir dann ein Freund sein? Wenn du dir selbst nicht vertrauen kannst, wer soll dir dann vertrauen?

Du selbst bist ein Sklave, aber gibst vor, deinem Freund ein Befreier zu sein. Und das Gleiche gilt für eure sogenannten Erlöser: Sie selbst sind nicht erlöst, aber sie sind bereit, die ganze Welt zu erlösen. Sogar am Ende des Zwanzigsten Jahrhunderts glauben noch Millionen daran, sie bräuchten nur an Jesus zu glauben und dass er der eingeborene, alleinseligmachende Sohn Gottes ist, und dann könnten sie so weitermachen, wie bisher, und würden trotzdem gerettet werden. Sehr billig – einfach nur glauben!

Am ersten Abend, als man mich in Amerika gewaltsam ins Gefängnis gebracht hatte … Der andere Gefangene in meiner Zelle muss ein sehr frommer Christ gewesen sein. Er hatte die Bibel auf seinem Bett, und während er auf dem

Boden kniete, legte er den Kopf auf die Bibel. Sehr fromm. Und genau über der Bibel waren lauter pornografische Fotos, ausgeschnitten aus Illustrierten; er hatte sie überall an die Wand geklebt.

Ich beobachtete die ganze Szene, und als er mit seinem Gebet fertig war, fragte ich ihn: „Wer hat diese Fotos hier hingeklebt? Sie sind wirklich schön."

Er sagte: „Das war ich. Magst du sie?"

Ich sagte: „Sie sind so schön! Ich bin auch ein frommer Mann." Das machte ihn ein bisschen stutzig – dass ich sagte: „Ich bin auch ein frommer Mann."

Er sagte: „Was meinst du damit?"

Ich sagte: „Siehst du denn nicht den Widerspruch? Du betest zu Gott, legst deinen Kopf auf die Bibel, kniest auf dem Boden und hoffst, dass du erlöst wirst …"

Er sagte: „Aber sicher werde ich erlöst! Ich glaube an Gott, und ich glaube an Jesus Christus."

Und ich sagte: „Und was ist mit diesen Pornobildern?"

Er sagte: „Das macht nichts. Wenn du erst einmal an Jesus glaubst, dann wirst du auch erlöst."

Ich sagte: „Vielleicht bist du deshalb … Wie oft bist du schon im Gefängnis gewesen?"

Er sagte: „Jetzt erst zum vierten Mal."

„Und was für Verbrechen hast du begangen?" Er sagte: „Alle möglichen. Aber ich bete jeden Morgen und jeden Abend – Gefängnis oder nicht Gefängnis, darauf kommt es nicht an. Aber mein Glaube an Jesus ist unerschütterlich; er kann nicht gegen sein Versprechen handeln."

Ich sagte: „Hast du irgendeine Garantie? Wenn er am Jüngsten Tag nicht erscheint, dann sitzt du in der Tinte. Wenn dann all diese nackten Mädchen auftauchen und sagen: „Er betet uns an. Er hat vor uns gekniet, jeden Morgen, jeden Abend …"

Er schaute mich an. Er war wütend. Er sagte: „Du bist wohl kein Christ!"

Ich sagte: „Ich bin Christ; warum sollte ich mich sonst um dich kümmern? Aber du kniest hier vor diesen nackten Mädchen auf obszönen, pornografischen Fotos. All diese Mädchen werden am Tag des Jüngsten Gerichts auftauchen, und ich werde auch da sein, merk dir das, als Augenzeuge."

Er sagte: „Mein Gott. Ich habe von dir gehört, ich habe dich im Fernsehen gesehen, und man sagt, wahrscheinlich zu Recht, dass du ein gefährlicher Mann bist. Verzeih mir bitte, aber erwähne diese Fotos nicht am Jüngsten Tag."

Ich sagte: „Nimm sie ab."

Er sagte: „Das ist nicht so leicht. Ich kann doch nicht vierundzwanzig Stunden lang beten. Und aus Illustrierten auszuschneiden, überall Fotos hinzukleben, das ist meine einzige Unterhaltung. Und ich bin nicht der Einzige. Alle Zellen im Gefängnis sind voll von Pornofotos." Das Gefängnis versorgt alle Gefangenen mit diesen Pornozeitschriften – und zugleich versorgt es sie auch mit der Bibel.

Am nächsten Tag, als der Gefängnisdirektor kam, fragte ich ihn: „Ihr versorgt die armen Gefängnisinsassen mit beidem? Könnt ihr nicht den Widerspruch sehen?"

Er sagte: „Keiner hat mich auf den Widerspruch hingewiesen."

Ich sagte: „Muss dich erst jemand darauf hinweisen? Kannst du das nicht selber sehen?"

Er forderte mich auf: „Komm mit mir ins Büro. Dort können wir darüber diskutieren, nicht hier vor den Gefangenen. Du könntest sie aufwiegeln."

Ich sagte: „Ich wiege sie nicht gegen die Bibel auf, ich wiege sie gegen die hässlichen Fotos auf, die an den Wänden kleben. Du kommst hier jeden Tag vorbei und siehst das alles und du schweigst dazu. Ich werde dich ebenfalls vor den Medien bloßstellen, sobald ich hier raus bin."

Er sagte: „Mach das nicht."

Ich sagte: „Das hat dieser Gefangene hier auch zu mir gesagt: ‚Mach das ja nicht am Jüngsten Tag.'"

Es gibt Leute, die sich nicht bewusst sind, dass sie tief innen das Verlangen haben, Sklave zu sein. Sie wollen versklavt werden, denn solange sie Sklaven sind, liegt alle Verantwortung bei der Person, die sie versklavt hat. Solange du nicht bereit bist, alle Verantwortungen des Lebens auf dich zu nehmen, wird etwas in dir immer dazu bereit sein, Sklave zu sein; denn nur der Sklave ist von allen Verantwortungen frei. Aber ein Sklave kann kein Freund sein, er ist auf der Suche nach einem Herrn, nicht einem Freund. Und das Gleiche gilt umgekehrt, denn da sucht ihr Sklaven, nicht Freunde. Und jeder, der Würde hat, lässt sich nicht im Namen von Freundschaft versklaven.

Zarathustra sagt: „Allzu lange war im Weibe ein Sklave und ein Tyrann versteckt."

Das hat der Mann zu verantworten, aber das erwähnt Zarathustra nicht. Vielleicht sieht er sich selbst noch immer als Mann, hat er die Dualität von Mann und Frau noch nicht überwunden. Er spricht als Mann über die Frau; deshalb übernimmt er keine Verantwortung. Denn für vieles, was mit der Frau nicht stimmt, ist der Mann verantwortlich. Der Mann hat sie vergewaltigt. Er hat fast eine Puppe aus ihr gemacht – etwas zum Vorzeigen. Er hat ihr nicht den gleichen Respekt erwiesen, den er von ihr verlangt. Er hat sie gezwungen, spirituell ein Sklave zu sein. Und natürlich steckt in den Frauen seit Jahrtausenden ein brennendes Verlangen nach Rache. Das zeigt sich im täglichen Kleinkrieg: Sie quält den Ehemann, nörgelt und giftet ständig. Aber schuldig daran, vergesst das bitte nicht, ist der Mann. Der Frau wurde keine Freiheit erlaubt. Ihr habt sie zum Sklaven gemacht, und sie will aus dieser Sklaverei ausbrechen, aber ihr habt alle Brücken um sie herum abgebrochen.

Ihr habt ihr keine Bildung erlaubt, ihr habt ihr keine Bewegungsfreiheit in der Gesellschaft erlaubt, ihr habt ihr keine finanzielle Unabhängigkeit erlaubt … und ihr habt sie ständig schwanger gehalten. Ihr habt sie benutzt. Ihr habt ihr nicht den Respekt erwiesen, den ein menschliches Wesen verdient – natürlich gibt es dann Rache. Und sie nimmt ihre Rache auf ihre Weise: Sie quält euch, sie macht euch das Leben zur Hölle. Ihr habt *ihr* Leben zur Hölle gemacht; jetzt macht sie *euer* Leben zur Hölle. Eure Mittel und ihre Mittel sind verschieden, aber das Endresultat ist, dass ihr beide in einer Hölle lebt.

Die Frau ist unfähig zur Freundschaft, weil sie nicht frei ist. Ihre Unabhängigkeit wird nicht respektiert – wie kann sie da ein Freund sein? Und wenn sie noch nicht einmal Freundschaft kennt, wie kann sie da Liebe kennen! Sie kennt nur die Lust. Und sie hasst den Mann aus dem gleichen Grund, weil sie ganz genau weiß, dass alle diese süßen Wörter – „Liebling" und „Schatz" und „Ich liebe dich" – nichts weiter sind als eine Einleitung zur Lust. Und natürlich reagiert sie auf ihre eigene Weise, sie hat Kopfschmerzen. Ihr sagt zu ihr „Liebling" und „Schatz", und sie sagt, sie hat Kopfschmerzen. Sie hat ihre eigenen Mittel, euch zu quälen … Ihr habt sie genug gequält.

Trotzdem, die Liebe der Frau blickt tiefer als alles, was sie sonst hat. Ihre Logik ist vom Mann zerstört worden, ihre Intelligenz ist vom Mann verdorben worden; einzig allein ihre Liebe ... Obwohl man seit Urzeiten alles versucht hat, um sie nur als nützliches Werkzeug für die Sexualität des Mannes zu halten, ist ihre Liebe dennoch unversehrt geblieben. Aber das ist das Problem: Es ist sehr schwer, sogar für Männer wie Gautam Buddha und Zarathustra, sich über ihr Mann-Sein zu erheben. Die Frau bleibt für sie etwas aus den unteren Regionen, etwas, das nicht zu der Höhe des Mannes gehört. Sie bleibt irgendwo unten in den dunklen Tälern.

Wenn an der Frau irgendetwas lebendig geblieben ist, trotz der ständigen männlichen Gewalt gegen sie, dann ihre Liebe. Ihre Liebe lebt in ihren Augen, ihre Liebe ist ihr ganzes Wesen. Und das ist die einzige Hoffnung für die Befreiung der Frau.

Das ist die einzige Hoffnung für die Frauen – zum ersten Mal in der Geschichte – zu ihrer Würde, ihrer wirklichen Eigenart, ihrem spirituellen Wachstum zu kommen. Frauen sind in keiner Weise irgendeinem Mann unterlegen.

Zarathustra sagt: *„Und auch in der wissenden Liebe des Weibes ist immer noch Überfall und Blitz und Nacht neben dem Lichte."*

Wieder liegt die Verantwortung beim Mann. Ein Mann und eine Frau können nur dann in Frieden leben, wenn ihre Gleichheit und ihre Eigenart zur Selbstverständlichkeit wird. Dann kann Freundschaft blühen. Dann wird Nacht und Überfall verschwinden. Die Frau ist vom Mann fast in den Wahnsinn getrieben worden. Es ist ein großes Wunder, dass sie innerhalb einer Gesellschaft überlebt hat, wo alle Religionen vom Mann gemacht sind, alle Regierungen vom Mann gemacht sind, alle Gesellschaften vom Mann gemacht sind, wo alle Erziehungssysteme vom Mann gemacht sind. Wie hat die Frau das nur überlebt? Es ist ein Wunder.

Soweit ich sehen kann, ist dieses Wunder nur ihrer Liebe zu verdanken. Obwohl der Mann sie misshandelt hat, hat sie ihn trotzdem geliebt. Obwohl sie versklavt und in Ketten gelegt worden ist, blieb sie immer noch eine Mutter, eine Schwester, eine Geliebte, eine Tochter.

Ihr Überleben trotz so vieler Angriffe auf ihre Persönlichkeit war nur deswegen möglich, weil die Existenz sie nötiger hat als den Mann: Die Existenz hat sich schützend vor die Frau gestellt; denn die Frau ist die Mutter, aus der alles Leben fließt. Es liegt an ihrer Liebe, dass das Leben noch immer singen kann, noch immer tanzen kann, dass es noch immer etwas Schönheit gibt und dass nicht alle Anmut aus der Welt verschwunden ist.

Frauen machen die Hälfte der Weltbevölkerung aus. Wenn sie befreit werden, wenn ihnen ihre angeborenen Grundrechte zurückgegeben werden, dann wird die Welt in eine gewaltige Metamorphose eintreten – und das hat sie enorm nötig. Die Frau ist gehindert worden, außer Kindern irgendetwas beizusteuern. Sie hat so viel beizusteuern – etwas von einer völlig anderen Qualität! Etwas, das mehr Schönheit haben wird, das mehr Lebendigkeit haben wird, mehr Liebe haben wird, mehr Lebenssaft haben wird.

Zarathustra: Ein Gott, der tanzen kann, 1987

Tantra war nie männlich-chauvinistisch

Was ist Tantra?

Das Wichtigste an Tantra – und das ist etwas sehr Radikales, Revolutionäres, Rebellisches –, das Wichtigste an dieser Weltsicht ist, dass die Welt nicht in Oben und Unten geteilt, sondern aus einem Stück ist. Höheres und Niederes reichen sich die Hand. Das Höhere schließt das Niedere ein, das Niedere schließt das Höhere ein. Das Oben ist im Unten verborgen – deshalb braucht das Unten auch nicht geleugnet zu werden. Es darf weder verdammt noch vernichtet, noch getötet werden. Das Niedere braucht nur umgewandelt zu werden. Gift und Elixier sind zwei Ausdrucksformen der gleichen Energie, genau wie Leben und Tod – genau wie alles Übrige: Tag und Nacht, Liebe und Hass, Sex und kosmisches Bewusstsein.

Für Tantra gilt: Verdamme nichts – nur Dumme verdammen. Wenn du etwas verdammst, vereitelst du die Möglichkeit, dass sich das Niedere zum Höheren entwickelt. Verdamme nicht den Schlamm, denn der Lotus steckt in ihm; hilf dem Schlamm lieber, die Lotusblüte hervorzubringen. Natürlich ist der Schlamm noch keine Lotusblüte, aber es kann eine daraus werden. Und der kreative Mensch, der religiöse Mensch, hilft dem Schlamm, den Lotus freizusetzen, den Lotus aus dem Schlamm zu befreien.

Saraha ist der Schöpfer der tantrischen Vision. Sie ist von ungeheurer Bedeutsamkeit, besonders für den jetzigen

Zeitpunkt der Menschheitsentwicklung. Denn die Geburtswehen einer neuen Menschheit haben schon eingesetzt. Ein neues Bewusstsein klopft an die Tür.

Die Zukunft gehört Tantra. Denn von jetzt an wird sich der Geist des Menschen nicht länger von dualistischen Einstellungen beherrschen lassen. Sie haben es jahrhundertelang versucht, und sie haben den Menschen völlig verstümmelt. Sie haben ihm ein schlechtes Gewissen gemacht. Und sie haben ihn nicht frei gemacht, sie haben den Menschen zum Gefangenen gemacht. Sie haben den Menschen auch nicht glücklich gemacht; sie haben den Menschen sehr unglücklich gemacht; sie haben alles verurteilt: Vom Essen bis zum Sex haben die Dualisten alles verurteilt. Beziehungen, Freundschaften – alles haben sie verurteilt. Die Liebe wird verurteilt, der Körper wird verurteilt, das Denken wird verurteilt. Sie haben euch keinen Fußbreit übriggelassen, wo ihr noch stehen könntet. Sie haben der Menschheit alles genommen, und jetzt hängt sie einfach in der Luft, hängt sie im Leeren.

Dieser Zustand der Menschheit ist nicht mehr zu ertragen. Tantra kann euch eine neue Perspektive geben.

Ihr habt den Namen Saraha wahrscheinlich noch nie gehört, aber Saraha gehört zu den großen Wohltätern der Menschheit. Er war Sohn eines hochgelehrten Brahmanen, der zum Hof von König Mahapala gehörte.

Der König wollte Saraha seine eigene Tochter zur Frau geben, aber Saraha wollte lieber allem entsagen, er wollte Sannyasin werden, und er wurde ein Schüler von Sri Kirti ...

Eines Tages, während er meditierte, hatte Saraha eine Vision; er sah eine Frau vor sich auf einem Marktplatz sitzen, und er wusste, diese Frau würde sein wahrer Meister werden. Sri Kirti hatte ihn nur auf den Weg gebracht, aber die wahre Unterweisung würde von einer Frau kommen.

Nun, auch das muss näher verstanden werden. Tantra ist die einzige religiöse Tradition, die nie unter die Herrschaft der Männer geraten ist. Ja – um in Tantra eingeweiht zu werden, braucht man die Hilfe einer weisen Frau. Ohne eine weise Frau kann niemand in die komplexe Welt von Tantra eindringen.

Wenn an der Frau irgendetwas lebendig geblieben ist, trotz der ständigen männlichen Gewalt gegen sie, dann ihre Liebe.

In seiner Vision sah Saraha eine Frau auf dem Markt. Erstens also: eine Frau. Und zweitens: auf dem Markt; dort, wo das Leben am turbulentesten ist. Die tantrische Haltung ist nicht lebensfeindlich; Tantra ist bedingungslose Bejahung. Saraha ging zum Markt, er war überrascht: Tatsächlich fand er die Frau, die ihm in der Vision erschienen war. Die Frau arbeitete an einem Pfeil. Sie war die Frau eines Pfeilmachers.

Und jetzt das Dritte, was ihr euch über Tantra merken müsst: Je zivilisierter und kultivierter einer ist, desto geringer die Möglichkeit einer tantrischen Transformation. Je unzivilisierter, je primitiver einer ist, desto lebendiger ist er. Je zivilisierter, desto künstlicher. Man ist überzüchtet, man verliert seine Wurzeln in der Erde. Man bekommt Angst vor der schmutzigen Welt. Man hält sich aus der Welt heraus und tut so, als gehöre man nicht dazu.

Tantra sagt: Wenn du den wahren Menschen finden willst, musst du bis zu den Wurzeln gehen. Die Frau eines Pfeilmachers gehört zur untersten Kaste. Für Saraha – den gelehrten Brahmanen, den berühmten Brahmanen, der zum Hof der Königs gehört hatte – ist der Gang zur Pfeilmacherin symbolisch. Das Gelehrte muss zum Vitalen gehen. Das Künstliche muss zum Wirklichen gehen. Er sah diese Frau, diese junge Frau, äußerst lebendig, sprühend vor Leben, wie sie den Schaft eines Pfeiles schnitzte und dabei weder nach links noch nach rechts sah, völlig in ihre Arbeit vertieft. Er spürte in ihrer Gegenwart sofort etwas Außergewöhnliches, etwas, das ihm noch nie begegnet war. Selbst Sri Kirti, sein Meister, verblasste neben der Ausstrahlung dieser Frau. Sie hatte etwas so Frisches, kam so unmittelbar aus der Quelle!

Saraha schaute ihr aufmerksam zu: Der Pfeil war fertig, die Frau schloss das eine Auge und machte das andere auf, so als zielte sie auf einen unsichtbaren Punkt. Saraha trat näher. Er konnte keine Zielscheibe entdecken – die Frau posierte nur. Sie hielt ein Auge geschlossen, das andere war geöffnet, und so stand sie und zielte auf ein unbekanntes, unsichtbares, nichtexistentes Ziel. Saraha ahnte, dass das eine Art Botschaft war. Die Pose, so schien ihm, war symbolisch; aber was sie bedeutete, war dunkel und unbestimmt. Er fühlte wohl, dass es etwas bedeutete, aber er hatte keine Ahnung, was.

Also frage er die Frau, ob sie von Beruf Pfeilmacherin sei; da lachte die Frau lauthals – ein wildes Lachen – und sagte: „Du dummer Brahmane! Die Veden hast du verworfen, aber stattdessen verehrst du jetzt die Sprüche Buddhas, das *Dhammapada*. Was soll's? Du hast deine Bücher ausgetauscht, hast deine Philosophie ausgewechselt, aber du bist nach wie vor ein Dummkopf."

Das war ein Schock für Saraha. Noch nie hatte jemand so zu ihm geredet. So konnte nur eine ungebildete Frau reden. Und wie sie lachte – so primitiv! So unzivilisiert! Trotzdem: Sie hatte etwas sehr Lebendiges, und er fühlte sich angezogen. Sie war ein großer Magnet, und er nur ein Stückchen Eisen.

Dann sagte sie: „Und du hältst dich für einen Buddhisten?" Er muss das Gewand eines buddhistischen Mönches angehabt haben, ockerfarben. Und wieder lachte sie und sagte: „Buddha kannst du nur durch Handeln verstehen, nicht durch Worte, nicht durch Bücher. Hast du denn immer noch nicht genug? Hast du von dem ganzen Bücherkram denn immer noch nicht die Nase voll? Verschwende keine Zeit mehr mit dieser sinnlosen Suche. Komm und folge mir."

Und dann geschah etwas, so etwas wie eine Kommunion. Er hatte so etwas noch nie erlebt. In diesem Augenblick ahnte Saraha die spirituelle Bedeutung ihres Tuns. Weder nach rechts noch nach links hatte sie geschaut, sondern genau auf die Mitte.

Zum ersten Mal begriff er, was Buddha damit gemeint hatte, wenn er davon sprach, genau in der Mitte zu bleiben: Vermeide die Extreme. Erst war er Philosoph, dann Anti-Philosoph – vom einen Extrem ins andere. Erst hatte er das eine angebetet, dann das Gegenteil davon – aber das Anbeten war geblieben. Man kann von links nach rechts umschwenken, und von rechts nach links, aber das hilft nicht viel.

Die Mitte ist der Punkt, von dem aus die Transzendenz geschieht. Zum ersten Mal sah Saraha also, was das hieß … bei Sri Kirti hatte er es nie gesehen. Und hier war es Realität. Die Frau hatte recht, wenn sie sagte: „Du kannst es nur lernen, indem du handelst." Und sie war so sehr darin vertieft, dass sie nicht einmal bemerkte, wie Saraha neben ihr stand und zusah. Sie war so in ihre Sache vertieft, ging so in ihrem Handeln auf, dass sie auch damit ein Wort Buddhas erfüllte: „Ewas total tun heißt, frei von allem Tun sein."

Karma kommt dadurch zustande, dass du nicht völlig im Handeln aufgehst. Sobald du völlig darin aufgehst, bleibt kein Rest zurück. Was immer du total tust, hinterlässt keine Spuren. Was immer du total tust, ist erledigt, du behältst psychologisch keine Erinnerung daran. Tu irgend etwas nur halb, und es bleibt an dir hängen, setzt sich fort, hängt dir nach wie Katzenjammer. Der Kopf kann nicht loslassen, will es unbedingt zu Ende bringen.

Der Kopf will immer alles vollenden. Führe irgendetwas zu Ende, und der Kopf tritt ab. Wenn du immer alles total bis zu Ende machst, entdeckst du eines Tages, dass das Denken aufgehört hat. Denken, das ist der Schutthaufen aller unerledigten Handlungen der Vergangenheit.

Du wolltest eine Frau lieben und hast sie nicht geliebt. Jetzt ist sie tot. Du wolltest zu deinem Vater gehen und ihn um Verzeihung bitten für alles, was du ihm angetan hast, womit du ihm wehgetan hast – und jetzt ist er tot. Jetzt wirst du den Katzenjammer nicht mehr los. Wie ein Gespenst … jetzt bist du hilflos; was sollst du tun? An wen sollst du dich wenden? Wen um Verzeihung bitten? Du wolltest dich einem Freund gegenüber freundlich zeigen, aber hast dich stattdessen verschlossen. Jetzt ist der Freund nicht mehr da, und die Wunde schmerzt. Du fühlst dich schuldig, du bereust. Und so geht alles weiter …

Mache irgendetwas total, und du bist es los, und du schaust nicht mehr zurück. Der authentische Mensch blickt nie zurück; denn da gibt es nichts zu sehen. Er hat keinen

Katzenjammer. Er geht einfach vorwärts. Seine Augen sind nicht von der Vergangenheit getrübt, sein Blick ist klar. In einer solchen Klarheit erkennt man, was Wirklichkeit ist.

Eure Sorgen kommen alle aus unerledigten Dingen; ihr seid wie Müllplätze. Hier etwas Unvollständiges, dort etwas Unfertiges; nichts ist abgeschlossen. Habt ihr das noch nie bemerkt? Habt ihr je wirklich etwas abgeschlossen? Oder ist alles unfertig liegengeblieben? Ihr schiebt einfach die eine Sache beiseite und fangt mit der nächsten an, und bevor ihr damit zu Ende seid, macht ihr schon wieder etwas Neues. Und so ladet ihr euch immer mehr Schutt auf. Genau das bedeutet Karma – Karma bedeutet: unabgeschlossene Vergangenheit.

Sei total, und du bist frei.

Diese Frau ging total in ihrer Arbeit auf. Darum strahlte sie ein solches Licht aus; darum war sie so schön. Sie war eine gewöhnliche Frau, aber ihre Schönheit war nicht von dieser Welt. Die Schönheit kam daher, dass sie nicht ins Extrem ging. Die Schönheit kam daher, dass sie in ihrer Mitte blieb, im Gleichgewicht war. Ausgeglichenheit führt zu Anmut.

Zum ersten Mal in seinem Leben sah Saraha eine Frau, deren Schönheit nicht nur körperlich war, sondern auch spirituell. Kein Wunder, dass er sich ihr hingab. Es passierte einfach von selbst, dass er sich ihr auslieferte. Ihre völlige Ver-sunkenheit in das, was sie gerade tat, ließ ihn zum ersten Mal begreifen: Das hier war wirkliche Meditation. Meditation war nicht, lange zu sitzen und ein bestimmtes Mantra herzusagen, oder in den Tempel oder die Kirche oder die Moschee zu gehen, sondern voll im Leben zu bleiben, mit ganz einfachen Dingen beschäftigt, aber mit einer Hingabe, deren Tiefe sich in jeder Handbewegung offenbart.

Er begriff zum ersten Mal, was Meditation heißt. Er hatte meditiert, er hatte sich große Mühe gegeben, aber zum ersten Mal erlebte er lebendige Meditation: So war das also! Er konnte es spüren. Er hätte es anfassen können. Es war geradezu mit Händen zu greifen. Und dann erinnerte er sich, dass das Öffnen des einen Auges und das Schließen des anderen ein Symbol war – ein buddhistisches Symbol. Plötzlich erkannte er, dass die Frau das eine Auge geschlossen hatte. Sie hatte ein Auge geschlossen: symbolisch dafür, das Auge des Verstandes, der Logik zu schließen. Und sie hatte das andere Auge geöffnet – symbolisch für Liebe, Intuition, Bewusstheit. Dann fiel ihm die ganze Geste ein.

Ohne eine weise Frau kann niemand in die komplexe Welt von Tantra eindringen.

Zielend auf das unbekannte Unsichtbare, sind wir auf der Reise ins Ungewisse: um zu suchen, was nicht zu finden ist, zu erkennen, was nicht zu erkennen ist, zu erreichen, was nicht zu erreichen ist …

Saraha erinnerte sich also an die Geste. Dieses Zielen auf das Unbekannte, das Unsichtbare, das Unerkennbare, das Eine – darum ging es. Wie kann ich eins werden mit der Existenz? Das Nicht-Entzweite ist das Ziel, wo Subjekt und Objekt nicht mehr da sind, wo Ich und Du verschwinden.

Saraha sagte zu ihr: „Du bist keine gewöhnliche Pfeilmacherin. Es tut mir leid, dass ich dich auch nur eine Sekunde dafür gehalten habe. Verzeih, es tut mir ungeheuer leid. Du bist eine große Meisterin – durch dich bin ich wiedergeboren worden. Bis gestern war ich kein wahrer Brahmane. Von heute an bin ich einer. Du bist meine Meisterin, und du bist meine Mutter, du hast mir ein neues Leben geschenkt. Ich bin nicht mehr der, der ich war."

Ein Jünger und ein Meister – das ist eine Liebesbeziehung der Seele. Saraha hatte seine Seelengefährtin gefunden. Sie liebten sich immens, ihre Liebe war so groß, wie man es kaum auf Erden findet. Sie lehrte ihn Tantra. Nur eine Frau kann Tantra lehren. Sie hat schon alle die Eigenschaften, die dazu nötig sind: die liebende, zärtliche Einstellung. Sie hat schon von Natur aus das Herz, die Liebe, das Gespür für das Zarte. Unter der Anleitung dieser Pfeilmacherin wurde Saraha zum Tantrika. Jetzt meditierte er nicht mehr. Er hatte damit begonnen, eines Tages alle Veden, alle heiligen und gelehrten Schriften über Bord zu werfen. Jetzt aber ließ er auch das Meditieren hinter sich. Jetzt verbreitete sich im ganzen Land das Gerücht: „Er meditiert nicht mehr. Er singt und tanzt sogar, aber meditiert nicht mehr. Jetzt ist Singen seine Meditation. Jetzt ist Tanzen seine Meditation. Jetzt ist sein Leben ein einziges Fest."

Saraha war kein ernster Mensch mehr. Tantra ist auch nicht ernst. Tantra ist spielerisch. Wohl ernsthaft, aber nicht ernst. Tantra ist reine Freude. Sarahas Leben war nun von Spiel erfüllt – Tantra ist Spiel. Denn Tantra ist eine sehr hochentwickelte Form der Liebe, und Liebe ist Spiel. Sein Sein war nun von Spiel erfüllt, und durch Spiel wurde wahre Religion geboren.

Die tantrische Vision, Band I, 1978

Schwanger mit dir selbst

*Etwas geht mit mir vor: ein Gefühl der Fülle,
des Reichtums und der Ausdehnung in meiner Brust.
Es drückt auf meine Kehle. Es packt mich nicht,
sondern umarmt mich – und jeden und alles um
mich herum. Können Männer schwanger werden?
Es fühlt sich an wie eine seltsame Schwangerschaft,
von der ich noch nie gewusst habe.*

Jeder große Dichter kennt es: Wenn eine Dichtung danach drängt, geboren zu werden, fühlt er sich fast weiblich, fast wie ein Schoß, in dem die Dichtung Gestalt annimmt und wächst.

Dasselbe gilt für alle kreativen Künste, aber mehr noch gilt es für diejenigen, die meditieren, denn sie gehen schwanger mit einem Gautam Buddha. Sie sind dabei, sich selbst zu gebären. Es ist ein sehr mysteriöses Phänomen, aber es ähnelt sehr der Schwangerschaft einer Frau. Du sagst: „Etwas geht mit mir vor: ein Gefühl der Fülle, des Reichtums, der Ausdehnung ..."

Dies sind die Symptome, dass dein altes Leben bald verschwinden wird, und ein neues Leben in dir Gestalt annimmt. Wo Leere war, da ist jetzt Fülle. Wo Armut war ... denn alles, was der Mann wünscht und will, beweist nur eines: dass er arm ist. Und nicht einmal beim reichsten Mann wird man finden, dass er nicht in diesem Sinne arm ist; er mag alles haben, trotzdem will er mehr. Er ist ein reicher Armer, ein reicher Bettler. Deine Armut verschwindet, und an ihre Stelle tritt Reichtum.

Jeder lebt ein verschlossenes Leben. Aus Angst – Angst vor Entblößung, Angst verletzbar zu werden, Angst vor der eigenen Nacktheit – versteckt man sich immerzu, mauert man sich immer mehr ein. Aber sowie man zu meditieren beginnt, brechen diese Mauern allmählich zusammen, denn Bewusstsein braucht Ausdehnung. Es lässt sich nicht auf einen kleinen Raum beschränken – selbst der ganze Himmel ist ihm zu klein.

Du gehst durch eine große Transformation. Dies ist die Transformation, um derentwillen jeder hier ist. Du sagst: *„Es fühlt sich an wie eine seltsame Schwangerschaft, von der ich noch nie gewusst habe."* Von jetzt an wirst du mehr und mehr darüber wissen. Vermeide nur die Abtreibung! Und was den Mann betrifft und was seine Kreativität betrifft, so ist keine Geburtenkontrolle nötig. Mehr und mehr Menschen müssen in diesen Zustand von Kreativität gelangen.

Hier gibt es einen tiefen, psychologischen Hintergrund zu verstehen. Der Mann hat sich im Vergleich zur Frau immer minderwertig gefühlt, weil eine Frau gebären kann und ein Mann nicht. Eine Frau kann Mutter werden – Beginn für ein neues Leben; ein Mann kann das nicht. Um das auszugleichen, begann der Mann nach Möglichkeiten zu suchen, wie auch er schöpferisch und produktiv sein könnte. Es war ein tiefes spirituelles Bedürfnis, diese Minderwertigkeit zu beseitigen.

Der Mann hat großen Gemälden das Leben geschenkt, großer Dichtung, großartigen Tänzen, großer Musik – alles Ersatz … Du magst eine schöne Statue hervorbringen, aber sie ist immer noch tot. Du magst große Musik hervorbringen, aber sie ist flüchtig, sie kommt wie der Wind und vergeht. Du magst einen großartigen Tanz hervorbringen, aber er kann nicht sein wie ein lebendiges Kind, ein lächelndes Kind – ein Kind, das Wunder sieht, das atmet, dessen Herz schlägt.

All eure Kunst und all eure Kreativität erscheinen der Frau wie ein armseliger Ersatz. Ich bin schon viele Male gefragt worden, warum Frauen keine großen Poeten sind, große Musiker, große Maler, große Bildhauer. Der Grund ist: Sie verspüren nicht das Bedürfnis, etwas anderes hervorzubringen, denn sie können Leben gebären.

Nur in einem Punkt, an einem Ort treffen sich Mann und Frau, und das nenne ich das Reich der Meditation – wo Mann und Frau wirklich gleich sind, weil hier beide sich selbst gebären können. Sie können wiedergeboren werden; beide können schwanger sein mit Erleuchtung.

Außer im Reich der Meditation sind Mann und Frau zweierlei Lebewesen. Sie begegnen sich nur in tiefer Meditation. Und bevor nicht die ganze Menschheit meditativ ist, werden Frau und Mann weiterhin miteinander kämpfen. Ihre Liebe geht immer auf und ab – es gibt Momente der Schönheit, und es gibt Momente der Hässlichkeit; es gibt Momente der Freude, und es gibt Momente des Leids.

Aber in Meditation – wenn zwei Meditierende ihre Energien miteinander teilen – ist Liebe etwas Konstantes, verändert sie sich nicht; sie hat die Qualität von Ewigkeit, sie wird göttlich. Das Zusammentreffen von Liebe und Meditation ist die größte Erfahrung im Leben.

Liebe ohne Meditation bedeutet, in einem sehr gestörten, spannungsreichen Zustand zu leben – in Qual, Angst, immer in Aufruhr. Es gibt zwar Momente von Stille, aber diese Stille ist nichts als kalter Krieg – Vorbereitung für den nächsten Krieg, mehr nicht. Natürlich, um einen neuen Krieg vorzubereiten, muss man ein paar Tage lang, ein paar Momente lang Ruhe bewahren.

> **Nur in einem Punkt,**
> **an einem Ort treffen sich Mann und Frau,**
> **und das nenne ich das Reich der Meditation –**
> **wo Mann und Frau wirklich gleich sind,**
> **weil hier beide sich selbst gebären können.**

Aber bisher war das noch nicht möglich, weil sich alle Religionen für einen falschen Weg entschieden haben. Sie haben beschlossen, Männer und Frauen zu trennen; sie haben beschlossen, sie zu Feinden zu machen. Und sie sind alle gegen mich. Denn mir geht es nur um eines: dass niemand in Bezug auf Meditation ein Monopol innehat – weder Männer noch Frauen. Es ist der einzige Begegnungspunkt, wo ein Mann nicht mehr Mann ist und eine Frau nicht mehr Frau ist; beide sind einfach menschliche Wesen, potenzielle Götter, Samen des Göttlichen.

Weder die Liebe kann es allein schaffen – weil es da zu viele Schwierigkeiten gibt – noch die Meditation kann es allein schaffen, weil Meditation ohne Liebe eher zu einer Friedhofsstille wird, nicht mehr tanzt, nicht mehr blüht. Ja, da herrscht Frieden, aber dieser Frieden ist wie tot – er ist nicht mehr lebendig. Dieser Frieden atmet nicht mehr, dieser Frieden pulsiert nicht mehr.

Mein ganzes Leben ist immer einem einzigen Programm gewidmet gewesen: Liebe und Meditation zu vereinigen. Denn nur durch diese Vereinigung wird eine neue Menschheit möglich. Und nur in der Vereinigung von Liebe und Meditation verschwindet die Dualität von Mann und Frau – die Ungleichheit von Mann und Frau.

Die Frauenbefreiungsbewegung macht leere Versprechungen. Mir geht es nicht unmittelbar um die Befreiung der Frauen, mir geht es um die Befreiung aller – denn wenn die Frau nicht befreit ist, ist der Mann auch nicht befreit. Sie gehen miteinander um wie Gefängniswärter und Gefangener, sie sind aneinander gekettet.

Weder ist der Mann befreit, noch die Frau – beide leben sie in Sklaverei, beiderseits auferlegt in der Hoffnung, dass sie vielleicht frei werden, wenn sie den anderen versklaven. Aber der andere hat seine eigenen Methoden, dich zu versklaven. Nur in der Meditation, in der Stille, wo die Liebe aufblüht, gibt es – ohne jede Mühe, ohne jeden Kampf – eine natürliche Harmonie, Gleichheit, ein natürliches Gleichgewicht. Und was natürlich ist, das hat seine eigene Schönheit.

The Rebellious Spirit, 1987

Wer will denn schon ein Mann sein?

Ich dachte, du wüsstest alles.
Ich dachte, erleuchtet zu sein, hieße genau das:
Bescheid zu wissen. Aber du weißt nichts
von Frauen, und dass sie nur deswegen
vertrauen, weil sie gegenseitig ihr Herz kennen.
Der Hass der Frauen auf Frauen ist ein Märchen
der Männer, dazu erfunden, die Frauen
voneinander fern und machtlos zu halten.
Wer will schon ein Mann sein?
Osho, ich bin völlig durcheinander!
Wie kannst du solchen Unsinn erzählen?
Mein Kopf dreht durch, und mein Herz auch.
Was tun?

Du sagst: „Ich dachte, du wüsstest alles." Da irrst du dich gewaltig – ich weiß nichts. Wenn du mit dieser Vorstellung hergekommen bist, bist du an den Falschen geraten und an den falschen Ort. Wir feiern die Unwissenheit! Wir zerstören Wissen jeder Art. Unser ganzes Streben ist, dir deine Unschuld zurückzugeben – die Unschuld, die du hattest, bevor du geboren wurdest. Die Zen-Leute nennen es das „ursprüngliche Gesicht". Unschuld ist angeboren, Wissen wird dir von der Gesellschaft gegeben, von den Leuten um dich herum, von der Familie. Unschuld gehört dir – Wissen stammt immer von anderen. Je mehr du weißt, desto weniger bist du du selbst.

Erleuchtung hat nichts mit Wissen zu tun. Sie ist die Freiheit von Wissen, sie ist die absolute Transzendenz allen Wissens. Sie ist das Überschreiten des Wissens.

Ein Erleuchteter ist jemand, der keine Abtrennung zwischen sich und der Existenz hat. Und Wissen ist eine Abtrennung. Wissen trennt dich von der Existenz ab. Es hält dich von ihr fern. Nicht zu wissen, vereinigt euch. Liebe ist ein Weg zur Unschuld. Unschuld ist eine Brücke – Wissen ist eine Mauer. Wer hätte je gehört, dass Leute, die alles wissen, erleuchtet würden? Sie sind am weitesten von der Erleuchtung entfernt. Erleuchtung wächst nur auf dem Boden der Unschuld.

Unschuld heißt kindliches Staunen, Ehrfurcht. Der erleuchtete Mensch ist einer, der ständig staunt – weil er nichts weiß, und somit alles wieder zum Geheimnis wird. Wenn du alles weißt, wird alles entmystifiziert. Wenn du nichts weißt, wird alles wieder mystifiziert. Je mehr du weißt, desto weniger Staunen ist in deinem Herzen. Je mehr du weißt, desto weniger fühlst du die große Erfahrung der Ehrfurcht. Du kannst nicht sagen: „Ah – das ist es!" Du kannst nicht ekstatisch sein. Wer alles weiß, ist so beladen, dass er nicht tanzen kann, nicht singen kann, nicht lieben kann. Wer alles weiß, für den gibt es keinen Gott, weil Gott nichts anderes heißt als Staunen, Ehrfurcht, Geheimnis. Das ist der Grund, warum Gott mehr und mehr zurückgewichen ist – im gleichen Maße, wie das Wissen in der Welt zugenommen hat.

Friedrich Nietzsche konnte Gott für tot erklären, weil er so viel wusste. Er war gewiss ein großer Philosoph; und Philosophie muss zwangsläufig zu dem Schluss kommen, dass es keinen Gott gibt, weil Gott einfach das Mysteriöse bedeutet, das Wunderbare – und Wissen führt alles Wunderbare auf gewöhnliche Gesetze zurück. Jedes Geheimnis wird in Formeln gepresst.

Frag den Gelehrten: „Was ist Liebe?", und er wird sagen: „Nichts als Chemie, als die Anziehung zwischen männlichen und weiblichen Hormonen. Es ist nicht mehr an ihr, als wenn ein Magnet Eisenspäne anzieht. Es ist das Gleiche wie positive und negative Elektrizität. Mann und Frau, das ist Bio-Elektrizität."

Dann wird alles zerstört. Dann wird alle Liebe und alle Poesie und alle Musik auf Unsinn reduziert. Der Lotus wird auf Schlamm reduziert. Der Lotus wächst ganz gewiss aus dem Schlamm hervor, aber der Lotus ist nicht der Schlamm. Er ist nicht die Summe seiner Teile. Er ist mehr als die Summe seiner Teile. Dies „mehr" ist Gott, dies „mehr" ist Poesie, dies „mehr" ist Liebe. Aber die Wissenschaft hat keinen Raum für das „mehr". Wissenschaft reduziert jede Erscheinung auf etwas Mechanisches. Und denkt daran, dass das Wort „Wissenschaft" von Wissen kommt.

Religion ist nicht Wissen, sie ist das genaue Gegenteil von Wissen. Sie ist Poesie, sie ist Liebe. Sie ist im Grunde absurd. Ja, du kannst sagen, dass ich Unsinn erzähle – aber das ist gerade das Schöne.

Du sagst: *„Ich dachte, du wüsstest alles."* Das ist dein Gedanke und ich bin nicht hier, um jedermanns Vorstellungen zu entsprechen. Ich kann nicht so sein, wie deine Vorstellungen es gerne hätten. Ich habe über einhunderttausend Sannyasins; wenn ich da jedermanns Vorstellungen erfüllen soll, würde ich völlig in Stücke gerissen, in Millionen Fetzen. Ich kann deine Vorstellungen über mich nicht erfüllen. Das ist dein

Fehler. Und es ist auch noch nicht zu spät – lass diese Vorstellung fallen, wenn du hier bei mir sein willst ...

Ihr seid hier bei einem paradoxen Menschen, bei einem Menschen, der euch etwas Geheimnisvolles vermitteln möchte, kein Wissen; der versucht, seine Erfahrung des Staunens und der Ehrfurcht in euer Sein hineinzugießen – es ist mehr wie Wein als wie Wissen –, der euch in Trinker verwandeln will. Ja, für den rationalen Menschen sieht es wie Unsinn aus.

Genau das ist es, was einer der wichtigsten Denker des Westens, Arthur Koestler, über Zen geschrieben hat. Er sagt, es sei „alles Unsinn." Rational gesehen stimmt das; aber ist Rationalität der einzige Weg, die Wirklichkeit anzugehen? Es gibt andere Wege – weit tiefere, weit intimere: Nicht zu wissen ist der intimste.

Ich bin kein Mann des Wissens, obwohl ich Worte gebrauche. Ich bin nicht einmal ein Mann der Worte.

„Ich bin kein Mann der Worte: „Willst du, ja oder nein?"
„Bei dir oder bei mir?", gab sie zurück.
„Also echt jetzt," sagte er, „wenn wir hier erst noch rumdiskutieren müssen, lassen wir das Ganze, verdammt noch mal."

Ich gebrauche Worte, aber ich bin kein Mann der Worte. Es geschieht aus reiner Not, es geschieht nur euretwegen, dass ich Worte gebrauchen muss; denn ihr versteht das Wortlose nicht. Ich sehne den Tag herbei, an dem ich die Worte aufgeben kann. Ich bin es absolut leid ... denn Worte können einfach nicht vermitteln, was ich bin, und ich versuche ständig etwas zu tun, was gar nicht möglich ist.

Macht euch bald bereit, sodass wir schweigend dasitzen und den Vögeln oder dem Wind in den Bäumen lauschen können. Einfach still sitzen, nichts tun, der Frühling kommt, und das Gras wächst von allein. Das wird meine letzte Botschaft und meine abschließende Arbeit auf Erden sein.

**Weder ist der Mann befreit, noch die Frau –
beide leben sie in Sklaverei,
beiderseits auferlegt in der Hoffnung,
dass sie vielleicht frei werden,
wenn sie den anderen versklaven.**

Du sagst: *„Ich dachte, erleuchtet zu sein, hieße genau das – Bescheid zu wissen."* Du kannst über Erleuchtung nichts „denken", und alles, was du denkst, ist zwangsläufig falsch. Es hat nichts mit Wissen zu tun. Es ist ein Zustand des Seins.

„Aber Du weißt nichts von Frauen, und dass sie nur deswegen vertrauen, weil sie gegenseitig ihr Herz kennen." Ich weiß von nichts, geschweige denn etwas von Frauen. Ich weiß nicht einmal etwas von Männern! Mach dir also deswegen keine Sorgen. Wenn du weißt, was eine Frau ist oder was ein Mann ist, dann hüte dich vor deinem Wissen, denn es ist nicht wirkliches Wissen. Es ist nur Meinung, die du aufgelesen hast. Ja, der Mann hat Propaganda gegen die Frauen gemacht; jetzt machen die Frauen Propaganda gegen die Männer. Es ist die gleiche Dummheit! Und wir machen immer so weiter: Wir fallen immer wieder von einem Extrem ins andere.

Jetzt sagst du: *"Der Hass der Frauen auf Frauen ist ein Märchen der Männer, dazu erfunden, die Frauen voneinander fern und machtlos zu halten."* Der Mann hat viele Märchen über Frauen erfunden, aber jetzt machen die Frauen das Gleiche. Sie erfinden Märchen über Männer, die genauso falsch sind wie die Märchen des Mannes über die Frauen. Aber ich bin nicht hier, um darüber zu befinden, welches Märchen wahr ist und welches Märchen falsch ist. Ich bin nicht hier, um euch zu Propagandisten für Frauen oder gegen Frauen zu machen. Meine Arbeit besteht darin, euch von der Mann-Frau-Dualität zu befreien. Und jetzt sagst du: *"Wer will schon ein Mann sein?"* Wenn du wirklich kein Mann sein wolltest, hättest du das hier nicht geschrieben.

Es ist genau wie in der uralten Fabel von der Füchsin, die versuchte, an die Trauben heranzukommen, aber nicht drankam: Die Trauben hingen zu hoch. Sie tat, was sie konnte, aber immer wieder misslang es ihr. Dann sah sie sich um – Füchse sind sehr schlaue Leute –, um sich zu vergewissern, dass ihr auch niemand zugeschaut hatte – irgendein Journalist oder Fotograf vielleicht ... aber da war niemand, und so wollte sie gehen; nur ein kleiner Hase saß im Gebüsch versteckt und hatte es gesehen.

Er sagte: „Tantchen, was ist denn schiefgegangen?"

Die Füchsin warf sich in die Brust, so gut sie konnte und sagte: „Nichts. Diese Trauben sind nicht der Mühe wert. Sie sind noch nicht reif – sie sind sauer."

Warum solltest du schreiben: *„Wer will schon ein Mann sein?"* Irgendwo tief in dir musst du dich danach sehnen, ein Mann zu sein. Jeder Mann möchte eine Frau sein; jede Frau möchte ein Mann sein, aus dem einfachen Grund, weil jeder Mann sowohl Mann wie Frau ist, und jede Frau sowohl Frau wie Mann ist. Du wirst aus der Begegnung männlicher und weiblicher Energien geboren: Deine eine Hälfte gehört deinem Vater, und deine andere Hälfte gehört deiner Mutter. Du bist ein Zusammentreffen zweier polarer Gegensätze, zweier Energien. Der einzige Unterschied zwischen Mann und Frau ist der, dass die Frau das Bewusstsein einer Frau und das Unterbewusstsein eines Mannes hat, und der Mann das Bewusstsein eines Mannes und das Unterbewusstsein einer Frau hat. Aber beide sind beides.

> **Im kommenden Jahrhundert werden
> Millionen von Menschen ihr Geschlecht verändern.
> Das wird eine neue Art Freiheit sein.
> Warum sich darauf beschränken,
> sein Leben lang ein Mann zu sein,
> wenn man beide Welten haben kann?**

Deswegen ist es möglich, homosexuell oder lesbisch zu sein – andernfalls wäre das unmöglich. Das hat es seit altersher gegeben, es ist nichts Neues. Der Grund ist einfach: Der Mann ist nur halb Mann und halb Frau; die Frauenseite ist tief im Dunkeln verborgen. Aber die bewusste Seite kann müde werden, und wenn die bewusste Seite müde wird, übernimmt das Unbewusste. Somit kann einer den Körper eines Mannes haben, aber anfangen, wie eine Frau zu funktionieren. Und das Gleiche passiert bei einer Lesbierin: An der Oberfläche ist sie eine Frau, aber tief drinnen hat die unbewusste männliche Energie Besitz ergriffen. Alles ist jetzt auf den Kopf gestellt. Das wird sich auch auf ihre Physiologie auswirken.

Es gibt hier ein paar Lesbierinnen. Ihre Psychologie muss sich zwangsläufig auf ihre Physiologie auswirken, denn Psychologie und Physiologie sind nicht zwei getrennte Phänomene – sie hängen zusammen. Geist und Körper sind nicht zweierlei: Ihr seid Körpergeist. Was immer also in eurer Physiologie passiert, wirkt sich auf eure Psychologie aus. Darum kann man auch Hormone geben und damit eure Psychologie verändern. Heute wissen wir, dass ein Mann zu einer Frau gemacht werden kann, eine Frau zu einem Mann gemacht werden kann.

Und dies ist meine Beobachtung: Im kommenden Jahrhundert werden Millionen von Menschen ihr Geschlecht verändern. Das wird eine neue Art Freiheit sein. Warum sich darauf beschränken, sein Leben lang ein Mann zu sein, wenn man beide Welten haben kann? Wenn du es dir leisten kannst, kannst du dein Geschlecht wechseln. Ein paar Jahre lang bleibst du ein Mann und schaust dir die Welt vom männlichen Standpunkt aus an, und dann unterziehst du dich einer einfachen Operation und wirst in eine Frau verwandelt. Jetzt kannst du dir die Welt durch weibliche Augen anschauen. Und es ist möglich, dass ein Mensch viele Male wechseln kann. Wenn der Vorgang einfacher wird – und er wird einfacher werden, darin besteht ja die ganze Arbeit der Wissenschaft: alles immer einfacher zu machen. Wenn der Vorgang ganz einfach wird, werden zwangsläufig Millionen ihr Geschlecht wechseln. Das wird eine große Freiheit in der Welt auslösen, aber auch große Verwirrung, auch ein großes Chaos. Eines Tages kommt dein Mann nach Hause – und er ist eine Frau! Oder deine Frau kommt von einem Urlaub zurück und ist keine Frau mehr ...

Weil jeder beides ist, steckt in jedem das Verlangen, der andere zu sein. Es muss vorhanden sein, und zwar sehr lautstark vorhanden. Darum schreibst du: *„Wer will schon ein Mann sein?"* Und du sagst: *„Osho, ich bin völlig durcheinander!"* Das ist gut! Ich habe also Erfolg! Ich möchte, dass du völlig entwurzelt, durcheinander, verstört bist. Ich möchte in dir ein Chaos entfesseln – denn nur aus dem Chaos werden Sterne geboren

Du sagst. *„Wie kannst du solchen Unsinn erzählen?"*

Was sonst?! Sinn ist fehl am Platz ... da bleibt nur Unsinn. Ich nehme es also nicht als Kritik – es ist ein Kompliment. Danke dir vielmals. Wenigstens sagst du etwas Sinnvolles! Du sagst: *„Mein Kopf dreht durch, und mein Herz auch. Was tun?"* Ich glaube nicht, dass sich da jetzt noch etwas tun lässt. Es ist zu spät. Du kannst nicht zurück – ich werde dich verfolgen! Du kannst nur vorwärts. Lass all die Vorstellungen fallen, die du in dir mitschleppst, diese Feindschaft gegen Männer. Lass all diese Vorstellungen fallen! Ich bin weder für Männer noch für Frauen. Ich bin nur für Transzendenz.

Und nimm meine Witze nicht ernst! Ihr seid solche Narren, dass ihr nicht einmal Witze spielerisch nehmen könnt. Eine andere Frau hat geschrieben: *„Du sagst zu viel gegen die Frauen. Neulich hast du sie ‚Großmäuler, mehr nicht' genannt."*

Niemand sonst hat sich beleidigt gefühlt. Ein Witz ist ein Witz! Aber warum bist du so empfindlich? Nun, diese Frau muss ein großes Maul haben. Jedenfalls muss sie von ihrem Mann ständig zu hören bekommen: „Halt die Klappe, du Großmaul!" Und jetzt kommt sie her und möchte gern etwas Schönes über sich gesagt bekommen, und ich erzähl einen Witz ... und schon wieder bekommt sie das Großmaul aufgetischt!

Nehmt Witze nicht ernst. Ja, nehmt überhaupt nichts ernst. Euch entgeht das Wesentliche, wenn ihr anfangt, alles ernst zu nehmen. Sogar heilige Schriften müssen unernst genommen werden, erst dann könnt ihr verstehen. Das Verstehen muss mit einer tiefen, entspannten, unernsten, spielerischen Haltung einhergehen.

Wenn ihr ernst werdet, werdet ihr verschlossen. Wenn ihr spielerisch seid, können viele Dinge geschehen, denn im Spielerischen steckt Kreativität. Im Spielerischen könnt ihr neue Wege finden. Aber ständig stehen eure Vorstellungen dazwischen, ihr könnt sie nicht beiseite tun.

Jetzt lässt sich nichts mehr tun. Du bist eine Sannyasin. Nun, Sannyasin sein heißt, dass du weder Mann noch Frau bist. Schluss – dies Spiel ist aus!

Ah, This!, 1982

Teil II

Interviewfragen

Warum engagieren sich immer noch so viele Frauen in der Emanzipationsbewegung, obwohl das bis heute zu keiner existenziellen Veränderung oder wirklichen Freiheit geführt hat?

Die Frauenbewegung ist nicht im eigentlichen Sinne des Wortes revolutionär. Sie ist lediglich eine Reaktion – und Reaktionen führen nirgends hin, außer zu Frustration und Misserfolg. Aber es engagieren sich deshalb immer noch so viele Frauen in ihr, weil sie keine Alternative haben; und sie werden immer mehr zu weiblichen Chauvinisten, sodass sie auf keine Alternative hören wollen, die man ihnen bieten kann.

Ich kann ihnen eine Alternative geben, aber die bloße Tatsache, dass ich im Körper eines Mannes bin, macht sie taub dafür. Sie verstehen nicht, dass ein Mann, der erleuchtet ist, weder männlich noch weiblich ist. Er hat alle Gegensätze überwunden; er ist reines Bewusstsein – und Bewusstsein ist weder das eine noch das andere.

Die Bewegung ist von Anfang an in die falsche Richtung gegangen. Sie begann mit der Forderung nach Gleichheit. Sie hätte besser gleiche Chancen fordern sollen – „Gleichheit" ist nämlich schon von der Idee her absurd. Ein Mann ist ein Mann, und eine Frau ist eine Frau; keiner ist unterlegen, und keiner ist überlegen. Und gleich sind sie auch nicht. Sie sind einfach verschieden – nicht nur verschieden, sondern polare Gegensätze. Ihre polare Gegensätzlichkeit ist der eigentliche Grund für ihre gegenseitige Anziehungskraft.

Am Anfang versuchte die Frauenbewegung, den Mann nachzuahmen, um die Frau dem Mann gleichstellen zu können. Das ist verkehrt, sowohl im psychologischen wie spirituellen Sinn. Eine Frau hat andere Qualitäten, und die wollen entwickelt werden. Sie ist nicht einfach eine Kopie des Mannes; sie muss ihr eigenes wahres Selbst leben. Deshalb sage ich, sie brauchen gleiche Chancen, sodass sie zugleich anders und doch ihr eigentliches Selbst sein können. Und je weiter Mann und Frau voneinander entfernt sind, desto größer ist die Möglichkeit, dass sie sich als komplementäre Gegensätze in einer harmonischen, liebevollen Beziehung ergänzen.

Allein die Tatsache, dass du im physischen Körper eines Mannes bist, hindert eine gewisse Sorte von Frauen, wie Feministinnen, Intellektuelle usw. daran, dir zuzuhören, besonders wenn du über Frauen sprichst. Du hast gesagt, dass ein erleuchtetes Wesen jenseits von Mann und Frau ist, dass du selbst weder Mann noch Frau bist. Kannst du mehr darüber sagen?

Ich bin nichts als Bewusstsein. Die Frau, die Feministin ist, ist lediglich reaktionär, sie ist nicht intellektuell. Man braucht nicht viel Intelligenz, um zu sehen, dass sich der Mann Frauen gegenüber sehr übel und abstoßend verhalten hat. Das heißt aber nicht, dass die Frauen sich jetzt dem Mann gegenüber genauso verhalten müssen. Die Vergangenheit ist vorbei, und wirkliche Intelligenz weiß, wie man vergibt und vergisst und eine neue Situation herstellt. Einfach nur gegen den Mann zu sein, ist sowohl für den Mann wie für die Frau destruktiv. Sie können nicht als Feinde überleben; sie können ein schönes Leben haben, aber nur als Freunde.

In dem Versuch, die Frau zu versklaven, hat der Mann viel Unrecht begangen. Und die Frauen haben dagegen reagiert, indem sie nörgeln und meckern, wo immer sie können – also sind sie nicht völlig unschuldig. Und zum Unglück ist die Frauenbewegung genau in die Hände dieser frustrierten und zickigen Sorte Frauen gefallen. Sie ist nicht in den Händen eines erleuchteten Bewusstseins.

> *Gerade im jetzigen Augenblick scheint es so, als wüsste die Frau nicht mehr wohin. Früher war sie Ehefrau – und hat es aufgegeben. Dann ist sie in die Politik gegangen – und kam frustriert zurück.*
> *Und sie hat gegen alles Alte und Verkommene angekämpft und trotzdem nichts erreicht. Aber sie braucht nur das Wort „Religion" zu hören, und schon sieht sie rot. Warum?*

Die Religion war immer gegen das Leben, und die Frau war – für die sogenannten religiösen Leute – Inbegriff des Lebens überhaupt; denn sie war die Quelle der Liebe und die Quelle neuen Lebens und allen neuen Anfangs. Sie war das Herz des Hauses, und im Hause war sie die Herrin.

Alle Ehemänner waren Pantoffelhelden; und einfach um sich aus dieser ganzen Knechtschaft zu befreien, lehnten sie sich im Namen der Religion gegen das Leben selbst auf ... denn Leben war mehr oder weniger synonym mit Ehefrau. Es geschah aus Angst, denn die Frau war seit jeher anziehend für den Mann, was natürlich ist. Und die Leute, die vor dem

Leben davonliefen, predigten, nun aus ihrer Angst heraus, dass die Frau die Wurzel aller Sünde sei, und Enthaltsamkeit wurde zur größten Tugend.

Die Frau wurde als ein Symbol dieses irdischen Lebens verdammt. Gegen sie zu sein war eine Art Gottesdienst, und durch die Enthaltsamkeit wurde der Mann so ängstlich und fanatisch. Enthaltsamkeit ist nichts anderes als die Unterdrückung von Sex. Sie verdammten die Frau nur, um ihre eigene Enthaltsamkeit zu wahren. Diese Unterdrückung wurde zur Obsession aller Religionen. Tief drinnen fühlten sie sich hingezogen, und auf diese Weise konnten sie den Sog in sich bekämpfen. Es ist also sehr verständlich, dass die Feministinnen rot sehen, wenn sie auch nur das Wort „Religion" hören. Das ist der eine Grund …

Tiefer noch ist der zweite Grund, nämlich der, dass der Frau jegliches religiöse Wachstum verweigert wurde – das auch für sie ein Grundbedürfnis ist. Fast alle Religionen haben ihr die religiöse Einweihung verweigert, haben ihr keine Unterweisung in den religiösen Schriften gestattet.

Selbst in einem Land wie England streitet man sich heute noch, ob man Frauen zur Priesterweihe zulassen soll oder nicht. Die Anglikanische Kirche steht wegen dieser Frage kurz vor der Spaltung – die einen wollen den Frauen eine Chance geben, und die anderen sind dagegen. Aber meiner Ansicht nach sollten die Frauen sich weigern, bei irgendeiner Religion mitzumachen, die von Männern gestiftet wurde. Sie sollten ihre eigenen Religionen gründen, welche ein ganz anderes Flair haben werden. Sie müssen nur eines lernen: ihre Eifersucht loszuwerden.

Wenn das Ego das Problem des Mannes ist, ist die Eifersucht das Problem der Frau. Der Mann wird durch sein Ego am spirituellen Wachstum gehindert und die Frau durch ihre Eifersucht ...

Ich verstehe wirklich nicht, wieso sich Frauen überhaupt als Priesterinnen bei einer Kirche bewerben, die im Grunde männlich orientiert ist. Sogar Jesus nahm die drei Frauen, die ihn am meisten liebten, nicht unter seine zwölf Apostel auf: Maria Magdalena, Maria seine eigene Mutter, und eine andere Frau gleichen Namens, Maria.

Wieso sich also überhaupt bemühen? Und das wäre eine würdigere Haltung, wenn Frauen sich weigern würden: „Wir wollen keine Priesterinnen in einer Religion werden, in der sogar Gott eine Dreifaltigkeit ist, ohne dass eine Frau dabei ist." Frauen sollten alles neu für sich schaffen, nicht aus Reaktion, sondern entsprechend ihrer eigenen Natur, entsprechend ihrer eigenen Neigung, entsprechend ihrer eigenen Sensibilität. Und das wird eine Revolution auslösen! ... Denn all diese Kirchen und Tempel sind voll von Frauen! Nur der Bischof und der Priester und der Kardinal sind Männer. Verlasst also diese Kirchen! Keine Frau sollte in diese Kirchen laufen!

Als der Erzbischof von Griechenland damit drohte, das Haus, in dem ich wohnte, abzubrennen und zu sprengen, falls ich nicht sofort abreiste, und die Regierung Angst bekam, und ich umgehend grundlos verhaftet wurde, erkundigte ich mich: „Wie viele Leute hat er in seiner Kirche?" Es gab nur sechs alte Frauen – das war seine ganze Gemeinde!

Die Frau hat darum gekämpft, Priester zu werden, Politiker zu werden ... und ist in der Frustration gelandet. Real wird es erst, wenn sie die politische Szene, die vom Mann geschaffen ist, boykottiert; wenn sie darauf besteht, dass die ganze Erde eins ist – die Frau stellt die halbe Erdbevölkerung! –, wenn sie alle Grenzen der Nation, der Religion, der Hautfarbe, der Rasse abzulehnen beginnt.

Damit wird sie sich nicht nur selbst helfen. Sie wird damit auch dem Mann helfen. Aber bisher hat sie in allem, was sie getan hat, immer nur den Mann nachgeahmt. Die Frau braucht eine wirklich rebellische Ideologie. Die Frauen sollten einfach aus all diesen vom Mann geschaffenen, frauenfeindlichen Institutionen aussteigen – sie haben genug Macht und sind groß genug an der Zahl, um ihre eigene Welt zu erschaffen. Und sie müssen eines bedenken – dass die Frau für die Natur sehr viel nötiger ist als der Mann. Die Funktion des Mannes bei der Reproduktion von Leben ist fast gleich null. Das kann auch durch eine Injektion, eine Spritze geschehen.

Die Frau kann völlig frei vom Mann sein. Anstatt zu betteln: „Gebt uns die Priesterweihe, gebt uns dies, gebt uns das!", sollten die Frauen erklären: „Wir sind befreit!", und dann werden die Männer in der Position der Bettler sein. Und das wird viel besser sein; dann können die Frauen die Gebenden sein. Aber die Männer zum Geben zu bewegen, ist sehr schwer, denn sie haben Jahrhunderte an Vergangenheit hinter sich und können nichts hinnehmen, was gegen die Tradition geht.

Die Frau muss ganz neu anfangen – eine neue, eigene Welt, in der sie, aus Liebe und Mitgefühl, den Mann akzeptieren kann. Zum Beispiel sollte sie anfangen, die Ehe zu verweigern – sie sollte für die Liebe stehen. Stattdessen geht sie ins andere Extrem und wird lesbisch. Und jetzt, wo es Verhütungsmethoden gibt, braucht man sich keine Sorgen um etwaige Kinder zu machen. Sie sollte darauf bestehen, ohne Ehe mit einem Mann zusammenzuleben.

Sie sollte Frauenkommunen bilden, in jeder Gesellschaft, in jeder Stadt; und alle neugeborenen Kinder sollten zur Kommune gehören. Auf diese Weise wird sie nicht mehr auf die Familie angewiesen sein.

Die Frau sollte in Richtungen gehen, die ihrer Natur entsprechen. Anstatt zum Beispiel Politikerin zu sein, sollte sie Tänzerin, Sängerin, Schauspielerin, Dichterin, Malerin sein… oder sonstige Künste ausüben. Sie sollte ihre ganze Energie, ihr ganzes Genie in Richtungen lenken, Richtungen, die für sie natürlich sind. Und sie findet überall auf der Welt so viel Unterstützung – von allen Frauen und allen Männern, die auch nur ein bisschen von menschlicher Natur verstehen –, dass sie ihre eigenen Nobelpreise kreieren wird, dass sie ihre eigenen Universitäten einrichten wird.

Sie sollte darauf bestehen, dass sie ihre eigene Individualität hat, und sich für diese Individualität ausbilden. Sie sollte von der Gesellschaft Respekt verlangen für die Bereiche, in denen sie tätig ist. Sie sollte an keiner Art von Krieg teilnehmen, und sie sollte alles tun, um ihre Liebhaber, ihre Kinder abzuhalten … sollte sie überzeugen, gegen den Krieg zu sein, gegen die Zerstörung. Sie sollte sie ebenfalls abhalten, lebensfeindlich zu sein, Mönch oder Nonne zu sein. Sie muss eine ganze Weltanschauung der Lebensbejahung schaffen, die all diese Religionen automatisch zerstören wird. Und das wird ihr eine Chance geben, ihr eigenes religiöses Potenzial zu entfalten. Und was die Erleuchtung betrifft, da gibt es kein Problem: Die Frau ist ebenso dazu in der Lage wie der Mann, und die Methoden sind so wissenschaftlich, dass sie niemandes Monopol sind. Aber schon beim Wort „Religion" rot zu sehen, das wird nicht weiterhelfen …

Früher waren die Frauen im Osten geachtet und durften mit den sogenannten weisen Männern streiten - sogar vor Gericht. Aber im Westen ist das nie so gewesen. Gibt es irgendeinen besonderen Grund, warum dieser Unterschied da war?

Das war so in den ersten Tagen der Zivilisation im Osten, mit anderen Worten vor fünftausend Jahren, als die Ehe noch nicht zementiert war und die Gesellschaft sich im Übergang befand – von einer Jägergesellschaft zu einer Agrargesellschaft. In einer Gesellschaft von Jägern gab es keine Ehe. Die Ehe entstand, als die Gesellschaft zu einer Gesellschaft des Ackerbaus wurde. Der Ackerbau brachte Land mit sich, Grundbesitz, und die Idee des Mannes, dass seine eigenen Söhne sein Land erben sollten. Die Ehe entstand tatsächlich als eine Begleiterscheinung des Privateigentums. Das war die einzige Möglichkeit, sicher zu gehen, dass dein Sohn von dir ist: dass die Frau monogam ist.

Diese Geschichten aus alten Tagen stammen aus jener Zeit, aus jenen Jahrtausenden des Überganges vom Jagen zum Ackerbau. Sobald der Ackerbau sich durchgesetzt hatte, verlor die Frau auch im Osten die Freiheit.

Der Osten wurde fast dreitausend Jahre früher zivilisiert als der Westen. Als der Osten auf dem Gipfel der Zivilisation stand, war der Westen noch auf der Jägerstufe. Und geographische Unterschiede, die Kälte im Westen, machten die Frau abhängiger vom Mann als in den wärmeren Ländern. Das Leben im Westen war härter; es war ein viel härterer Überlebenskampf.

Es ist ein merkwürdiges Schicksal, dass der Westen sich über den ganzen Osten hin ausgebreitet hat – aus dem einfachen Grund, dass die Westler wegen der Härte ihrer Lebensweise bessere Kämpfer geworden sind. Der Osten dagegen – mit seinem guten Klima, seinem reichen Boden und bequemen Leben – machte die Menschen schwächer. Sie waren nicht auf Kämpfen eingestellt. Indien hat nie ein Land erobert und ist von fast allen Ländern erobert worden. Selbst sehr barbarische Stämme, Minderheiten, waren fähig, Indien zu besetzen und zu regieren. Die Menschen lebten so bequem, dass sie nicht kämpfen wollten: „Wenn ihr regieren möchtet – bitte sehr."

Der Mann des Westens wurde sehr stark, weil er ein Kämpfer war, und die Frau wurde schwächer und abhängiger. In Europa war die Übergangszeit vom Jagen zum Ackerbau fast gleich null, und der Grund war der, dass sich im Osten der Ackerbau schon fünftausend Jahre früher vollkommen etabliert hatte. Somit stand alles, was mit Ackerbau zu tun hatte, dem Westen zur Verfügung. Weil die Übergangszeit sehr kurz war, gab es nie eine Chance für eine lockere, sich ändernde Atmosphäre, in der nichts feststand, und so hatte die Frau nicht die gleichen Chancen wie im Osten.

Es ist fast eine Parallele zur jetzigen Situation. Im Westen hat die wissenschaftliche Revolution vor dreihundert Jahren stattgefunden, und dreihundert Jahre lang hat es ständig Krieg zwischen der Kirche und den Wissenschaften gegeben. Erst heute hat die Kirche akzeptiert, dass es keine Möglichkeit gibt, die Wissenschaft abzublocken, und das Gerangel hat sich gelegt. Im Osten hat in diesen dreihundert Jahren keine Evolution der Wissenschaft stattgefunden, aber alles, was sich im Westen entwickelt hat, wird heute vom Osten übernommen – die gesamte Technologie.

Darum findet im Osten kein Krieg zwischen Religion und Wissenschaft statt. Am Anfang war die Kirche noch mächtig, und Wissenschaftler waren Einzelne – man konnte sie auslöschen. Aber langsam, ganz langsam wurden die Wissenschaftler mächtiger, denn was sie taten, war objektiv wahr – und ungeheuer nützlich für die Menschheit. Aber die Kirche brauchte dreihundert Jahre, um zu begreifen, dass sie auf verlorenem Posten stand. Im Osten hat überhaupt kein Kampf stattgefunden, weil die Wissenschaft insgesamt entliehen ist, und zwar in sehr entwickelter Form. Genau das Gleiche ist mit dem Ackerbau passiert: Er wurde im Osten eingeführt, aber es dauerte lange, bis er sich eingebürgert hatte, und der Westen entlieh sich den Ackerbau vom Osten.

In den vergangenen Zeiten gab es in Ägypten und anderen Ländern Hohepriesterinnen. Warum haben wir heute nur Päpste?

Tatsache ist, dass die alten Kulturen keine intellektuellen Kulturen waren; sie waren eher intuitiv, und die Frau ist in der Intuition weit überlegen; deshalb gab es Hohepriesterinnen, aber keine Päpste. Heute ist die Situation genau umgekehrt.

Die Wissenschaft ist völlig intellektuell, die Philosophie ist intellektuell, und die organisierten Religionen sind intellektuell. Jene Priesterinnen waren Einzelgänger; sie besaßen keine organisierte Religion, denn auf der Grundlage von Intuition kann man keine Religion organisieren.

Die heutigen, intellektuell organisierten Religionen werden vom Mann beherrscht, folglich müssen sie Päpste haben. Zudem haben sie alle Überbleibsel alter Kulturen zerstört, samt ihren Priesterinnen – indem sie sie Hexen nannten. Noch eins: Mit diesen Priesterinnen in Ägypten verhält es sich ähnlich wie mit den Priesterinnen in Indien. Nicht nur in der Vergangenheit, sondern auch heute noch gibt es Überreste davon. In vielen Teilen Indiens, besonders im Süden, gibt es eine Tradition, dass jede Familie ihre erstgeborene Tochter dem Tempel weiht.

Diese Mädchen werden „*Devadasis*" genannt – „im Dienste Gottes". Sie arbeiten als Priesterinnen, und sie arbeiten auch als Prostituierte. Zu einer gewöhnlichen Prostituierten zu gehen, kommt den Leuten befremdlich vor, aber zu einer Tempelprostituierten zu gehen, gilt als etwas Religiöses, so als würde sie irgendeine göttliche Energie umformen und vermitteln – und das ist ein reines Märchen.

Und so gibt es auch heute noch Tausende von Frauen, die zu Tempeln gehören. Die Tempel bekommen das Geld, und die Frauen arbeiten als Prostituierte. Die indische Verfassung hat es für illegal erklärt, hat es aber nicht abstellen können. Selbst wenn sie also Priesterinnen im Tempel waren, nutzten die Männer das aus: Man machte die Frauen einfach zu spirituellen Prostituierten.

Was ist eine Hexe? Ist die Hexe dasselbe wie der „neue Mensch" von dem du sprichst?

„Hexe" ist ein sehr ehrbares Wort, das vom Christentum verdammt wurde. Ursprünglich bedeutete es nur „die weise Frau", aber das Christentum gab ihm eine völlig entstellte Bedeutung, denn da wird behauptet, der Teufel hätte Eva verdorben und stecke seither mit der Frau unter einer Decke.

Also könne sie gar nicht weise sein, denn ihre Weisheit komme nicht von Gott, sondern vom Teufel. Als man dem Wort erst einmal diese Bedeutung gegeben hatte, standen Tür und Tor offen, die Frau noch mehr zu verdammen. Und es gab Frauen, die wirklich weise waren, besonders in der Schule der Alchemisten, einer Strömung der Mystik.

Diese alchemistischen Frauen waren in den Augen der christlichen Priester Rivalen, und sie mussten vernichtet werden. Um sie vernichten zu können, musste man eine gewisse Rationalisierung finden, und diese bestand darin, dass solche Frauen Geschlechtsverkehr mit dem Teufel hatten. Ein besonderer Gerichtshof wurde vom Papst ernannt, mit einem „Groß-Inquisitor", dessen ganze Arbeit darin bestand, alle Hexen zu finden und sie zu verbrennen – bei lebendigem Leibe. Und die Methode, sie zu finden, war: Jeder Mann konnte dem Gericht melden, dass er eine bestimmte Frau als Hexe verdächtigt – das genügte, um die Frau festzunehmen. Man entwickelte bestimmte Methoden, um sie zu quälen, und die Folter war so schlimm, dass es der Frau fast unmöglich war, sie zu ertragen. Und solange sie nicht gestand, dass sie mit dem Teufel Geschlechtsverkehr gehabt hätte, zog sich die Folter über Wochen hin. Und sobald sie gestanden hatte, musste sie das Geständnis vor dem Gerichtshof des Großinquisitors wiederholen, der aus Kardinälen und Erzbischöfen und christlichen Priestern von hohem Rang bestand. Und man zwang diese Frauen nicht nur zu gestehen, dass sie mit dem Teufel Geschlechtsverkehr hatten, man zwang sie sogar, dem Gericht zu erzählen, dass der Penis des Teufels gegabelt sei, sodass er an beiden Stellen gleichzeitig in die Frau eindringen konnte. Das genügte dem Gericht, um diese Frauen lebendig zu verbrennen. Und so wurden völlig unschuldige Frauen zu Tausenden bei lebendigem Leib verbrannt.

Der eigentliche Grund war, dass sie viel weiser waren als die christlichen Priester, und sie mussten vollständig ausgerottet werden, damit es keine Konkurrenz mehr gab.

Und ich sage nicht, dass der zukünftige Mensch eine Hexe sein wird: Die Hexe gehört genauso der Vergangenheit an wie der Priester. Der neue Mensch wird keine Priester – weder Mann noch Frau – als Vermittler zwischen sich und der Existenz haben; sein Kontakt mit der Existenz wird unmittelbar und individuell sein. Eine organisierte Religion in der Zukunft ist ausgeschlossen.

Was ist der Unterschied zwischen weiblicher Energie und männlicher Energie – können beide im selben Körper sein? Wie lässt sich ein harmonischer Weg finden, mit dieser Frage umzugehen?

Der Unterschied zwischen männlicher und weiblicher Energie ist genauso wie in der Elektrizität. Die männliche Energie ist positive Bio-Elektrizität, und die weibliche ist negative Bio-Elektrizität – und in jedem Körper sind beide Energien vorhanden. Wenn die positive stärker ist, dann ist der Körper der eines Mannes; wenn die negative stärker ist, dann ist der Körper der einer Frau. Aber weil jedes Kind aus einem Mann und einer Frau geboren wird, enthält es ganz natürlich beide Energien. Aufgrund dieser Möglichkeit kann das Geschlecht durch einen chirurgischen Eingriff umgewandelt werden.

In der Wissenschaft von Tantra gibt es Meditationen, bei denen beide Energien im gleichen Körper verschmelzen und sich vereinigen können. Diese Vereinigung von Mann und Frau in ein und demselben Körper führt zur Transzendenz – dann mag der äußere Körper der eines Mannes oder einer Frau bleiben, aber das innere Sein ist nicht mehr gespalten, es wird zu einer organischen Einheit. – Und das Problem, wie man sie harmonisieren soll, ist eine reine Erfindung des Mannes.

Sowohl Mann wie Frau sind polygam, jede Beziehung wird also bald langweilig. Wir brauchen eine flexiblere Gesellschaft, wo der Sex nicht ernst genommen werden muss, sondern mehr Spielerei und Spaß ist. Und jetzt ist das wegen der Pille möglich. Für mich ist die Pille die größte Revolution in der Geschichte des Menschen, weil sie die ganze Struktur menschlicher Beziehungen verändern kann.

Sollte es verschiedene Meditationstechniken für Männer und Frauen geben?

Nein, weil Meditation mit Bewusstsein zu tun hat, und das ist weder männlich noch weiblich.

Meist schenken wir einem Kind nicht aus einer bewussten Entscheidung heraus das Leben, sondern aus reinem Fortpflanzungstrieb. Eine der geheimnisvollsten Beziehungen ist die zwischen einer Frau und ihrem Kind. Kannst Du bitte etwas über die „Gebärmutter-Beziehung" sagen? Wie kann eine Frau, angesichts der Tatsache, dass diese Beziehung meistens auf alten Konditionierungen beruht, wie z. B. Besitzansprüchen, dem aus dem Wege gehen und ihrem Kind helfen aufzuwachsen, ohne ihm seine Flügel zu beschneiden?

Was früher war, steht auf einem anderen Blatt, aber heute hat sich die ganze Situation verändert. Ein Kind zu haben, muss eine bewusste Entscheidung sein. Früher war es rein instinktiv, aber heute kann es ein völlig neues Phänomen sein.

Meiner Ansicht nach sollte die Entstehung eines Kindes nicht Sache zweier Liebender unter sich sein.

Denn bei jeder Ejakulation werden mindestens eine Million Spermien frei, und nur eines erreicht das Ei der Frau. Es ist ein ungeheurer Wettlauf ... all diese Millionen von Spermien stürmen dem Ei entgegen. Für uns ist ihre Reise kurz, aber für sie ist sie, im Verhältnis zu ihrer Größe, fast drei Kilometer lang. Und aller Wahrscheinlichkeit nach werden nicht die Besten Gewinner sein, sondern die Kräftigeren werden als erste ankommen. Wir wissen also gar nicht, wie viele Genies wir uns ständig entgehen lassen ... denn die Lebensdauer der Spermien ist nur zwei Stunden.

Das Wissenschaftlichste wäre, wenn jedes Krankenhaus eine Sperma-Bank hätte, so wie es auch eine Blut-Bank hat, und jedes Paar sich ganz genau aussuchen könnte, was für ein Kind sie haben wollen. Das ganze Potenzial des Lebens ist in einem Spermium enthalten; und jetzt ist es möglich geworden, darin abzulesen, welche Zukunft das Spermium haben wird – ein Albert Einstein, ein Kahlil Gibran, ein Friedrich Nietzsche oder ein Adolf Hitler. Wir können die falsche Art Leute vermeiden, alle die, die sich früher unmöglich vermeiden ließen. Wir können Kinder vermeiden, die blind sein werden, Kinder, die zurückgeblieben sein werden,

Kinder, die verkrüppelt sein werden, Kinder, die früh sterben werden, Kinder, die ihr Leben lang unter Schwäche und Krankheiten leiden werden.

Wir können uns den Musiker aussuchen, den Mathematiker, den Wissenschaftler, den Poeten, den Philosophen, den Mystiker. Das wird zu einer so ungeheuren Revolution führen, dass die Menschheit immens bereichert werden kann. Und das Spermium sollte vom Krankenhaus geliefert und der Frau injiziert werden – damit wäre jeder Besitzanspruch von Anfang an ausgeschlossen: Das Kind kommt durch dich, aber es gehört dir nicht.

Auf diese Weise machen wir uns von den Fesseln der Biologie frei.

Und zweitens wird auf diese Weise Sex zum Spaß – denn aus dem Geschlechtsakt heraus sollten überhaupt keine Kinder mehr entstehen. Dann wird die Beziehung zwischen Mutter und Kind automatisch eine Veränderung durchmachen. Der Vater ist unbekannt, und die Mutter hat nur ihren Schoß zur Verfügung gestellt; das Kind gehört der Kommune. So ist nur noch eine liebevolle Beziehung möglich, aber Besitzansprüche kommen nicht mehr infrage. Besitzansprüche entstehen aus der Erziehung des Kindes in der Familie. Und das gilt nur im Moment; in ein paar Jahren wird es die Möglichkeit geben, dass es für die Eier der Mütter auch eine Bank im Krankenhaus gibt, und die Gebärmutter mechanisch wird. Anfangs wird es unmenschlich erscheinen, aber es wird zu einer weit besseren menschlichen Gesellschaft führen.

*Ein Kind zu gebären, kann das für eine Frau auf
dem Weg der Meditation nur ein Hindernis sein,
oder gibt es Umstände, unter denen es ihr und
ihrem spirituellen Wachstum hilft?*

Es wird immer nur ein Hindernis sein.

*Viele Männer – z.B. Buddha – haben ihre Familie
verlassen, um Erleuchtung zu finden. Ist es jemals
vorgekommen, dass ein Erleuchteter nach seiner
Erleuchtung eine Familie gegründet hat?*

Nein, das ist noch nie vorgekommen und wird auch niemals vor‑ kommen, aus dem einfachen Grund, weil eine Familie den Erleuchteten daran hindert, eine Kommune zu gründen – die seine wahre Familie ist. Denn so kann er seine Liebe und seine Sorge seinen Jüngern geben – eine Familie würde nur unnötige Schwierigkeiten verursachen.

*Selbst wenn sie es intellektuell akzeptiert hat, ist
Abtreibung für eine Frau eine schwere Sache. Warum?*

Eigentlich sollte Abtreibung gar nicht nötig sein. Inzwischen gibt es drei Arten von Pillen. Früher gab es nur eine Art von Pille, und wenn man vergaß, sie einzunehmen, bevor man miteinander schlief, konnte man schwanger werden, einfach aus Versehen. Jetzt ist eine andere Art Pille auf dem Markt gekommen – die man einnehmen kann, nachdem man zusammen geschlafen hat. Und sogar eine dritte Pille ist jetzt erhältlich – die kann der Mann einnehmen. Mit ein bisschen Intelligenz braucht es also keine Abtreibung mehr zu geben.

Abtreibung ist grundsätzlich hässlich – sie war ein notwendiges Übel, denn man zerstört Leben. Sie ist unmenschlich, grausam und gegen das Leben. Es sollte Ehrfurcht vor dem Leben bestehen. Abtreibung wird also bald der Vergangenheit angehören.

Du hast einmal gesagt, dass es in Zukunft möglich sein wird, ein erleuchtetes Kind zur Welt zu bringen; aber ein anderes Mal hast Du gesagt, dass kein erleuchtetes Wesen jemals wieder in einen Mutterschoß eingeht. Kannst Du das bitte erläutern?

Es stimmt, dass ein erleuchtetes Wesen niemals in den Mutterschoß zurückkehrt. Aber es besteht die Möglichkeit, dass jemand, der kurz vor der Erleuchtung stand, stirbt: Er wird wiedergeboren werden, fast erleuchtet, und ohne viel Anstrengung wird er erleuchtet werden. Aber ein voll erleuchteter Mensch kann nicht noch einmal in einen Mutterschoß eingehen.

Geburtenkontrolle scheint keinen Erfolg gehabt zu haben, besonders in der Dritten Welt, dank den Päpsten, den „Acharyas" und Heiligen.
Die Überbevölkerung der Welt nimmt immer schneller zu. Wie kann man der Frau dies einsichtig machen, trotz ihres starken biologischen Bedürfnisses, Kinder in die Welt zu setzen, trotz der unverantwortlichen

Antreiberei in diese Richtung und trotz ihrer Konditionierung durch die Religionen?

Erstens: Es liegt nicht so sehr am biologischen Bedürfnis. Ich kenne die ärmsten Frauen im Osten – sie sind völlig erschöpft und haben genug von Kindern, weil sie ständig schwanger sind. Es ist eine Quälerei.

Es gibt ein biologisches Bedürfnis, miteinander zu schlafen, aber nicht, schwanger zu werden. Es sind einzig und allein die Religionen, die dafür verantwortlich sind, die ständig darauf herumreiten, dass Methoden der Geburtenkontrolle gegen Gott sind. Die Frauen lassen sich durchaus überzeugen, sie zu benutzen, aber es sind keine Anstrengungen unternommen worden. Die Politiker haben Angst, die Religionen zu verärgern, und jemanden anderen, der die Frau überzeugen könnte, gibt es nicht. Es sollte Bestandteil der Frauenbewegung sein, sie zu überzeugen, und ich glaube nicht, dass sie Widerstände dagegen hätten!

Der Kampf muss sich gegen die religiösen Führer richten; es sollte eine aktive Bewegung gestartet werden. Zum Beispiel sollten die Frauen überall dort, wo der Papst auftaucht, gegen ihn protestieren und alles tun, um seine Einreise in jedes Land zu verhindern. Die Frauen sollten sogar versuchen, den Vatikan zu übernehmen. Und das gleiche mit all den anderen – den *Shankararcharyas*, den Ayatollah Khomeinis ... In jeder Kirche, in jedem Tempel, an jedem religiösen Festtag, sollten Protestaktionen stattfinden ... es sollte ein pausenloser Kampf sein.

Und ich glaube, er kann Erfolg haben – denn auch viele Männer werden dabei mithelfen. Es sollten also auch Männer eingeladen werden, aktiv dabei mitzuwirken, dass diese sogenannten religiösen Führer zum Schweigen gebracht werden; andernfalls werden sie die Menschheit auch ohne Atombomben zugrunderichten.

Warum haben Frauen nie an Krieg gedacht?

Erstens: Die Frau hat keinen Kriegsinstinkt, und sie hat kein Interesse, Länder zu erobern, Weltreiche zu schaffen. Es liegt einfach nicht in ihrer Natur. Deshalb betone ich, dass wenn überall Frauen die Parlamente übernehmen würden, allem Krieg ohne weiteres ein Ende gesetzt werden könnte.

Es ist die Frau, die am meisten unter einem Krieg leidet: Entweder ihr Mann stirbt oder ihr Sohn stirbt oder ihr Vater stirbt. Sobald ihr Land überrannt wird, ist die Frau das erste Opfer. Sie wird von den Soldaten der Invasionsmacht vergewaltigt; das erste, was die Soldaten tun, ist Frauen zu vergewaltigen. Sie hat nichts von einem Krieg, außer dass sie alles verliert und brutal und gewaltsam benutzt wird. Krieg wird es geben, wenn der Mann an der Macht bleibt. Der Mann muss aus den Machtpositionen entfernt werden – er hat einen Kriegsinstinkt.

Frauen mussten hart darum kämpfen, den Männern gleichgestellt zu werden und haben damit auf vielen Gebieten der Wissenschaft, der Medizin und Literatur Erfolg gehabt. Aber trotz des Erfolges war der Misserfolg größer – die Leere ist nach wie vor die gleiche. Kann dies ein gutes Sprungbrett für Meditation sein?

Es ist eines. Die ganze Mühe war von vornherein zum Scheitern verurteilt, weil sie nicht aus der Spontaneität kam, sondern ein Wettkampf mit dem Mann war. Sobald wir erst einmal beiden gleichermaßen die Chance geben, verschieden zu sein, und es von vornherein klar ist, dass „Gleichheit" ausgeschlossen ist – beide sind verschieden und einmalig –, dann werden spontanere Anstrengungen sich in Romanen, Gemälden, Musik niederschlagen. Alles Konkurrieren mit anderen ist dann ausgeschlossen. Was immer aus Konkurrenz entsteht, geschieht aus Verspanntheit, Feindseligkeit – und kann von keinem sehr hohen Rang sein.

Das erste ist also, die politische Struktur in der Welt zu ändern – und dann, die Frauen ökonomisch unabhängig vom Mann zu machen. Das kann der zweite Schritt sein, und das kann nur der zweite Schritt sein: Solange die Frauen noch nicht an der Macht sind, könnt ihr sie nicht befreien. In der Vergangenheit hat der Mann die Frau mit einer einfachen Strategie ausgeschaltet: indem er sie finanziell von sich abhängig machte. Selbst wenn eine Frau mit einem Mann zusammenlebt, muss sie finanziell unabhängig bleiben.

Die Frauenbewegung ist praktisch am Ende. Ich schlage vor, dass die Frauen eine internationale Frauenpartei gründen, und dass sie in jedem Land eine eigene Wahl verlangen. Mit eigener Wahl meine ich, dass die Frauen nur für Frauen wählen werden, und die Männer nur für Männer. Das wird die Gesamtstruktur aller Parlamente der Welt verändern, denn die Mitglieder des Parlaments werden zur Hälfte Frauen sein, zur Hälfte Männer. Die Männer werden in politische Parteien zersplittert sein, aber die Frauen werden in keine Parteien zersplittert sein. Sie werden eine Partei sein, eine einzige Partei. Auf diesem Wege können sie ohne Schwierigkeiten die ganze Welt übernehmen. Darum muss also in Zukunft gekämpft werden.

Und es sollte zur Pflicht gemacht werden, dass keine Frau für einen Mann stimmen darf, und kein Mann für eine Frau stimmen darf. Das kann sofort zu einem großen Umsturz rund um die Welt führen. Sobald die Frauen überall auf der Welt an der Macht sind, können sie damit anfangen, die Bürokratie zu ändern, die der Mann geschaffen hat. Sie können anfangen, die Atomwaffen zu vernichten; sie können anfangen, sämtliche Bildungssysteme nicht mehr nur männlich auszurichten.

Die Bürokratie sollte zur Hälfte Frauen übergeben werden, und das sollte auch auf anderen Gebieten die Regel sein: Die Hälfte der Studenten in der Medizin sollten Frauen sein. Was immer der Anteil der Frauen an der Bevölkerung ist – entsprechend sollte ihr Anteil auf allen Gebieten sein, die sich für sie eignen. Die Hälfte aller Professoren an den Universitäten ... Und es mag ein paar Gebiete geben, wo Frauen bessere Erfolge erzielen könnten: Die sollten dann zu hundert Prozent den Frauen gegeben werden. Und ein paar Dinge, die Männer besser können, sollten zu hundert Prozent den Männern gegeben werden. Noch einmal also: Nicht vergessen – gleiche Chancen, nicht Gleichheit.

Hätten Frauen wie Simone de Beauvoir, Virginia Woolf, Gertrude Stein, Vita Sackville-West, Lou Andreas-Salome, Sophia Loren oder andere Frauen, die dir aus diesem Jahrhundert bekannt sind, erleuchtet werden können, wenn sie einen Meister gehabt hätten?

Frauen haben die gleiche Fähigkeit erleuchtet zu werden wie Männer. Das Verhältnis dürfte fast gleich sein, weil die Natur ein gewisses Gleichgewicht hält. Gertrude Stein zum Beispiel hätte ganz sicher erleuchtet werden können. Erleuchtung ist nicht das Monopol des Mannes – aber er hat in der Vergangenheit ein Monopol daraus gemacht. All diese Monopole können abgeschafft werden.

Eines allerdings muss sehr klar verstanden werden: Wenn die politische Struktur nicht verändert wird, kann nichts verändert werden. Und Frauen sollten sich nicht in Parteien zersplittern; andernfalls werden sie zermalmt werden; sie werden nicht in der Lage sein, irgendetwas auszurichten. Ihre ganze Ideologie sollte für die Befreiung der Frauen sein und für die Schaffung gleicher Chancen auf allen Gebieten. Und der Kampf sollte weltweit sein, also in jedem Land ...

Wenn der Kampf nicht weltweit ist, wird es sehr schwer werden, die ganze Struktur zu ändern. Und es ist eine so einfache Sache, eine Weltrevolution herbeizuführen! Es ist viel einfacher, als es für das Proletariat war, weil sie in die gleiche Falle gegangen sind: Es gab zu viele kleine Parteien mit geringfügigen Unterschieden – in China, der Sowjetunion, Jugoslawien und anderen kommunistischen Ländern. Es sollte also eine grundsätzliche Ideologie geben, die einfach nur darauf besteht, dass die Frau die Welt übernehmen muss.

Wird es nicht enorme Unterschiede zwischen den Frauen in verschiedenen Teilen der Welt geben, sich wirtschaftlich vom Mann zu befreien und ihre eigenen politischen Parteien zu gründen? Sind zum Beispiel die Frauen in Indien bereit zu solch einem Schritt?

Wir müssen es versuchen. Wo immer es passieren kann, da sollte es passieren; die Idee sollte die einer Weltrevolution sein. Es wird ein paar Jahre brauchen, denn die Geschichte macht seltsame Umwege.

Marx hatte nie daran gedacht, dass der Kommunismus nach Russland oder nach China kommen würde. Er dachte, der Kommunismus würde zuerst in Amerika passieren. Russland war sehr zurück, aber die Bedingungen nach dem ersten Weltkrieg waren günstig: Die Soldaten revoltierten gegen den Zar, und die Kommunisten machten sich die Situation zunutze. Es war nicht wirklich eine kommunistische Revolution. China war ein sehr armes Land: Niemand hätte sich vorstellen können, dass der Kommunismus dort möglich wäre; aber es geschah, weil der Hintergrund buddhistisch war.

In Indien wäre das nicht möglich gewesen. Die kommunistische Partei Indiens ist so alt wie der russische Kommunismus – die chinesische kommunistische Partei ist eine sehr neue Erscheinung –, aber in Indien war die Situation anders. Der Hinduismus hat das Denken der Menschen seit altersher dazu konditioniert, dass es Gottes Entscheidung ist, ob du arm oder reich sein sollst, dass es nichts mit der sozialen Struktur zu tun hat.

Niemand kann also vorhersagen ...

Aber wir sollten deutlich zum Ausdruck bringen, dass wir die ganze Welt im Auge haben. Und die Frauen sollten als Missionare um die Welt ziehen und die Idee verbreiten: „Wir brauchen eigene Wahlen!" Und die Idee ist so einleuchtend, dass sie nicht widerlegt werden kann. Aber durch diese einfache Idee kann die ganze Welt verändert werden. Es mag also zuerst im Westen passieren, es mag im Osten passieren – darüber lässt sich nichts sagen. Nur eines muss man sich merken: Die Sache sollte sich nicht zersplittern – genau das hat den Kommunismus daran gehindert, eine Weltrevolution zu werden.

Muss die wirkliche Revolution der Frau erst noch passieren?

Ja, sie muss erst noch passieren. Was bis jetzt geschehen ist, ist nur eine Reaktion, und eine Reaktion befreit niemanden, weil sie an die Aktion geknüpft ist. Im selben Augenblick, wo die Aktion wegfällt, wird die Reaktion bedeutungslos.

Eine Revolution muss etwas jenseits von Aktion und Reaktion sein – nicht aus Wut heraus, nicht aus Hass, sondern aus Erkenntnis. Die Frauenbewegung kam bisher nicht aus Erkenntnis. Trotzdem ist es gut, dass sie passiert ist: Sie hat den Boden für die wirkliche Revolution bereitet.

Es heißt, dass hinter jedem großen Mann eine Frau steht. Stimmt das? Wer ist die Frau hinter Dir?

Dieses Sprichwort ist nichts als Trost für die Frauen – es stimmt nicht. Was mich persönlich betrifft: Hinter mir steht keine Frau. Insgesamt stehen Tausende von Frauen hinter mir, aber sie sind nicht die Ursache für meine Erleuchtung, sie sind die Wirkung. Sie sind zu mir gekommen, nachdem ich meine Erfahrung schon gemacht hatte.

Hat je zuvor ein erleuchteter Meister Fragen beantwortet über die Evolution der Frau – über ihre Stellung angesichts der Herrschaft des Mannes? Hat je ein erleuchteter Meister über eine Veränderung der gesellschaftlichen Regeln gesprochen, und darüber, welchen Weg man in Zukunft gehen soll?

Nein, es hat niemals einen erleuchteten Meister gegeben, der sich um die Frauen und ihre Evolution gekümmert hat. Sie alle beschränkten sich auf die Männer, aus dem einfachen Grund, weil sie alle betonten, dass das Zölibat, der Verzicht auf Sex, die Basis für spirituelles Wachstum ist. Das war ein Trugschluss; und aufgrund des Zölibats hatten sie Angst, Frauen einzuweihen oder ihnen in ihrer Evolution zu helfen. Die Angst bezog sich auf ihre männlichen Anhänger – dass sie sich in sexuellen Beziehungen mit Frauen verlieren und ihr spirituelles Wachstum völlig vergessen könnten.

Auch über die Veränderungen sozialer Strukturen hat noch nie ein erleuchteter Meister gesprochen, über Revolution in den ökonomischen Klassen, Revolten gegen Standesunterschiede, Ausbeutung, Unterdrückung, Sklaverei. Sie hielten sich schlicht aus jeglichem Engagement für die Gesellschaft heraus. Man war der Meinung, dass sie das nichts anging: Sie hatten der Gesellschaft entsagt, und sie hatten nichts mehr mit ihr zu tun.

In gewisser Weise war das ein Schutz und eine Sicherheit für sie selbst und ihre Schüler, denn das gesellschaftliche Establishment war diesen Leuten gegenüber immer voller Respekt. Die Reichen, die Mächtigen, die Könige, die Politiker – sie alle waren ungeheuer froh, dass diese Genies vollständig übersahen, was in der Gesellschaft passierte. Es war in ihrem eigenen Interesse, und zum Lohn erwiesen sie den Erleuchteten ihren tiefsten Respekt.

Mir ist von vielen wohlwollenden Weisen und Heiligen angeraten worden, mich allein auf die spirituelle Dimension zu beschränken; sonst würde ich von allen Mächtigen verdammt werden. Und genau das ist auch passiert. Sie bringen mich nicht um, weil sie befürchten, dass meine Ermordung bei den Massen eher Sympathie und Verständnis für mich erzeugen könnte. Außerdem könnten sich meine Jünger dadurch zu einer gesellschaftlichen Macht kristallisieren. Und genau das hat der Justizminister von Amerika, Mr. Meese*, auch tatsächlich zugegeben.

In einer Pressekonferenz wurde er gefragt: „Warum ist Osho nicht ins Gefängnis gekommen?" Und er sagte: „Es gibt drei Gründe. Erstens war es unser Hauptanliegen, die Kommune zu zerstören. Zweitens wollten wir Osho nicht zum Märtyrer machen. Und drittens hatten wir keine Beweise dafür, dass er irgendein Verbrechen begangen hätte."

Und das ist der gleiche Mann, der dem Gericht sechsunddreißig Verbrechen vorgelegt hatte – von mir begangen!

Während der zwölf Tage, die ich in ihren Gefängnissen war, brachten sie mich von einem Gefängnis zum anderen, nur um mich zu schikanieren. Und jeder Wärter flüsterte dem nächsten ins Ohr – ich konnte es hören, weil ich genau

---

* *Edwin Meese war ein umstrittener Justizminister unter Ronald Reagan und hat einige ethisch fragwürdige Entscheidungen getroffen. Zwei Mal wurde durch das Office of Independent Counsel eine Untersuchung gegen ihn eingeleitet. Auch wenn keine dieser Untersuchungen zu einer Anklage vor einer Grand Jury führte, hielten seine Kritiker ihre Korruptionsvorwürfe aufrecht. Mehr dazu: https://de.wikipedia.org/wiki/Edwin_Meese*

daneben stand: „Dieser Mann ist weltbekannt, tut ihm nichts direkt zuleide; alles Indirekte ist okay." Und bei drei Gelegenheiten versuchten sie mich umzubringen – aber auf indirekte Weise.

In einem Gefängnis, in das sie mich brachten, aber nicht unter meinem eigenen Namen, zwangen sie mich, mit dem Namen „David Washington" zu unterzeichnen, andernfalls würde ich in der Nacht kein Auge zutun können – es war gegen Mitternacht. Das war im Gefängnis von Oklahoma.

Ich sagte zu dem Gefängniswärter: „Jeder Idiot kann erkennen, was hier gespielt wird: Ihr könnt mich einfach umbringen, und es wird keine einzige Spur geben, dass ich euer Gefängnis je betreten habe, denn niemand wird je auf den Verdacht kommen, dass ich David Washington war."

Doch die ganze Situation wurde dadurch gerettet, dass eine Gefangene dabei war, die entlassen werden sollte. Sie stand vor der Zelle, in der dieses Gespräch stattfand – als ich mich weigerte zu unterschreiben – und sie konnte alles mitanhören.

Ich sagte dem Wärter: „Füll ruhig selbst diesen Vordruck aus, ich werde dann unterschreiben." Meine Überlegung war einfach: Alles wäre in seiner Handschrift, und ich würde meine Unterschrift daruntersetzen – und die ist weltberühmt –, jeder würde erkennen, wessen Unterschrift das ist. Und als ich aus der Zelle kam, sagte ich zu der Frau: „Du hast alles mitangehört. Du wirst entlassen. Draußen vor dem Gefängnis stehen Hunderte von Reportern und Medienleuten, sag ihnen alles, was du gehört hast." Und am nächsten Morgen war es in allen Zeitungen und im Fernsehen, ganz Amerika wusste Bescheid, und gleich um sieben Uhr brachten sie mich aus diesem Gefängnis fort.

In zwölf Tagen brachten sie mich in fünf Gefängnisse, ohne irgendeinen Grund. Von dem Ort aus, wo sie mich festnahmen in North-Carolina, ohne Haftbefehl, ohne irgendeinen Grund vorzuweisen, ohne mir irgendeinen Kontakt mit meinem Anwalt zu gestatten, was mein gesetzlicher Anspruch war –, ist es nur fünf Flugstunden weit bis Portland in Oregon. Ich musste zwölf Tage damit verbringen, diese fünf Stunden zurückzulegen. Sie wussten ganz genau, dass ich, sobald ich vor einem Richter stand, freigesprochen werden würde; was immer sie also im Schilde führten, das musste passieren, ehe ich vor einem Richter stand.

In einem anderen Gefängnis steckten sie mich zusammen mit einem eindeutigen Herpesfall – einem Mann, der höchstens noch eine Woche zu leben hatte. Sechs Monate lang hatten sie keinen anderen Menschen in diese Zelle gesteckt, der Arzt hatte es verboten.

Aber als sie mich in die Zelle sperrten, war der Arzt dabei, war der Gefängniswärter dabei, war der US-Marshall dabei. Als sie gingen, sagte der Mann zu mir – der Gefangene, der im Sterben lag: „Osho, ich kenne dich nicht, aber ich habe dich im Fernsehen gesehen, und ich habe dich lieben gelernt. Ich werde sterben, aber ich will nicht, dass du dich ansteckst; und dieser Raum hier ist vollständig verpestet, ich wohne seit sechs Monaten hier. Bitte entferne dich nicht von der Tür; bleib einfach bei der Tür und fass nichts an. Klopf an die Tür – es wird ein oder zwei Stunden dauern, bis sie kommen."

Das Büro war zwei oder drei Zellen weit entfernt, aber er hatte recht; es dauerte fast zwei Stunden, bis sie kamen. Und als ich mit ihnen sprach, bekamen sie es mit der Angst zu tun. Ich sagte ihnen: „Ich werde das den Medien mitteilen, die ganze Welt wird es erfahren." Sofort wurde ich in eine andere Zelle verlegt. Und schließlich wurde noch am Tag, als ich das Gefängnis in Portland verließ, eine Bombe unter meinem Stuhl gefunden …

Sie versuchten also ihr Bestes, mich irgendwie umzubringen, ohne dass die Verantwortung dafür auf sie fallen würde. Und jetzt ist fast ein Jahr vergangen, aber sie versuchen unaufhörlich, jede Regierung in der Welt gegen mich aufzuhetzen. Und es ist durchaus möglich, dass sie professionelle Killer angeheuert haben, damit die Verantwortung nicht auf Amerika fällt – diese Information mit den professionellen Killern kam nämlich von einem sehr hohen FBI-Beamten, der mit einem Sannyasin befreundet ist. Und so, wie es jetzt steht, erscheint es gar nicht so abwegig …

Man hat gerade herausgefunden, dass die Bomben, die Ronald Reagan ohne allen Grund auf Lybien warf, nur eine Strategie waren, damit die Aufmerksamkeit Lybiens und der Welt ganz auf die Bomben gerichtet war … und die professionellen Killer Ghaddafi töten konnten. Das ist jetzt vor dem amerikanischen Senat aufgedeckt worden.

In der Vergangenheit hat es kein erleuchteter Meister gewagt, das Risiko einzugehen, alle Ehrbarkeit zu verlieren und verdammt zu werden. Aber mir bedeutet Ehrbarkeit nichts. Die unbewussten Massen und ihre Ehrbegriffe haben absolut keine Bedeutung. Selbst wenn es meinen Tod bedeutet, ich werde alles sagen, was dem neuen Menschen und der neuen Menschheit helfen wird, Wirklichkeit zu werden.

Über Osho

Oshos Lehren widerstehen jeglicher Kategorisierung, sie reichen von der persönlichen Sinnsuche bis hin zu den dringendsten sozialen und politischen Fragen, mit denen die Welt heute konfrontiert ist. Seine Bücher wurden aus zahllosen Tonband- und Videoaufnahmen transkribiert. Er hat über einen Zeitraum von 35 Jahren vor einer internationalen Zuhörerschaft stets aus dem Stegreif gesprochen. Er sagte: „Denkt daran, was immer ich sage, ist nicht nur für euch … ich spreche auch für die kommenden Generationen."

Der Londoner Sunday Times zufolge zählt Osho zu den „1000 Machern des 20. Jahrhunderts"; der amerikanische Romanautor Tom Robbins hat ihn einmal „den gefährlichsten Mann seit Jesus Christus" genannt. *Sunday Mid-Day* (Indien) hat Osho als einen der zehn Menschen bestimmt, die das Schicksal Indiens verändert haben – wie Gandhi, Nehru und Buddha.

Osho selbst beschreibt sein Werk als „Beitrag, die Voraussetzungen für die Entstehung einer neuen menschlichen Lebensweise zu schaffen". Diesen neuen Menschentypus hat er immer wieder als „Sorbas der Buddha" umschrieben – also einen Menschen, der nicht nur wie Sorbas der Grieche die irdischen Freuden zu schätzen weiß, sondern ebenso sehr die stille Heiterkeit eines Gautam Buddha.

Wie ein roter Faden zieht sich durch alle Aspekte von Oshos Arbeit die Vision einer Verschmelzung der zeitlosen Weisheit des Ostens mit den höchsten Potenzialen westlicher Wissenschaft und Technik. Vor allem seine revolutionären Ansätze zur Wissenschaft der inneren Transformation haben Osho berühmt gemacht. Seine innovativen „aktiven Meditationen" basieren auf dem Gedanken, dass erst der in Körper und Geist angesammelte Stress abgebaut werden muss, um, frei von Gedanken und entspannt, einen meditativen Zustand zu erfahren.

www.osho.com
www.osho.com/resort

KATRIN JONAS
NACKT.
Das Körper-Versöhnbuch
für Frauen
280 Seiten | Broschur
ISBN 978-3-947508-39-6

DIANA RICHARDSON
ZEIT FÜR WEIBLICHKEIT
272 Seiten | Broschur
ISBN 978-3-936360-12-7

DIANA & MICHAEL RICHARDSON
ZEIT FÜR MÄNNLICHKEIT
224 Seiten | Broschur
ISBN 978-3-936360-40-0

Mehr über OSHO:
www.osho.com

Mehr gute Bücher:
www.innenwelt-verlag.de